冰心在玉壶

——群众文化理论研究成果采撷

胡玉 著

吉林人民出版社

图书在版编目(CIP)数据

冰心在玉壶：群众文化理论研究成果采撷 / 胡玉著.
--长春：吉林人民出版社，2021.11
ISBN 978-7-206-18715-5

Ⅰ.①冰… Ⅱ.①胡… Ⅲ.①群众文化-文化理论-
中国-文集 Ⅳ.①G249.2-53

中国版本图书馆 CIP 数据核字(2021)第222445号

冰心在玉壶：群众文化理论研究成果采撷
BING XIN ZAI YU HU：QUNZHONG WENHUA
LILUN YANJIU CHENGGUO CAIXIE

著　者：胡　玉

责任编辑：孙　一　　　　　　　封面设计：书香力扬

出版发行：吉林人民出版社(长春市人民大街7548号　邮政编码：130022)

印　　刷：成都兴怡包装装潢有限公司

开　　本：880mm×1230mm　1/32

印　　张：8.25　　　　　　　字　　数：178千字

标准书号：ISBN 978-7-206-18715-5

版　　次：2021年11月第1版　　印　　次：2022年1月第1次印刷

定　　价：68.00元

如发现印装质量问题,影响阅读,请与出版社联系调换

自　序

　　我从小与文化结缘，后来也一直行走在文化圈、体育圈边缘。转眼间，自己抵近了知非之龄。回顾人生路，除了完成求学、结婚、生子、持家等常人必修的人生课题，似乎很大一部分精力都花在了与文化沾边的工作上，虽无摆得上台面的大成就，却也在一路奔波中收获了不少的小确幸。

　　今年是我的本命年，我只想单纯地给自己的四十八岁一个"交待"。于是，开始琢磨着给自己平凡的人生路留点痕迹，把最近十多年从事群众文化工作思考和实践所码的字归拢归拢。说"出书"，还真觉得话有点大，故暂且自称为"集子"。

　　中学时，因为特别喜欢盛唐著名边塞诗人、被后世誉为"七绝圣手"的王昌龄的"一片冰心在玉壶"那句意境，便自作主张地把自己的"芳名"改成单名一个玉字，也有琢而成器的意思。在给这个集子取名时，也委实想不出个章程来，于是就起了一个恐怕只有自己才能感知的"冰心在玉壶"。

依常理，出个人论文专辑最好能请上一两个大伽作个序的，一是能够得到方家斧正，二是可以直接得到些许好评。一个基层文化工作者，首先得有文化自信，可自己对这些文字拾零到底缺了些底气，终究不敢把这些零零碎碎往高人面前呈送。干脆，继续自力更生，自报家门，自出胸臆，自说自听。

首先想说我从哪里来。我的家乡在素有"陇东明珠"之称的甘肃省平凉市。平凉市位于甘肃东部的陇山东麓，泾河上游，陕甘宁三省份交汇几何中心的"金三角"地带，横跨陇山（亦称关山），东邻陕西咸阳，西连甘肃定西、白银，南接陕西宝鸡和甘肃天水，北与宁夏固原、甘肃庆阳毗邻，是关中西去北上的古道要冲。自古为屏障三秦、控驭五原的重镇，又依六盘山野三关之险，历来是兵家必争之地。由于地形和海拔高度的影响，气候的垂直差异明显，总的气候特点是东暖、南湿、西凉、北干。平凉是陇东传统的商品集散地，是古"丝绸之路"必经重镇，史称"西出长安第一城"，素有"陇上旱码头"之称。

随着国家改革开放与西部大开发建设力度不断加大，如今的平凉快速崛起，建设面貌早已今非昔比，逐步建成中国西北地区重要的畜牧业基地和皮毛集散地和甘肃省主要农林产品和畜牧业生产基地，不仅是西北地区公路、铁路的重要交通枢纽，而且是欧亚大陆桥第二通道的重要中转站。

我的家乡再具体一点，就是在平凉市所辖的华亭县。华亭历史悠久，早在北魏时期，因战事之需，筑城置华亭镇，因皇甫山麓有华尖山亭而得名，2018 年 8 月华亭撤县建市。我家就在华亭市的安口镇上。安口镇为明朝"陇上窑"所在地，平均海拔 1693 米，辖区矿产资源富集，煤炭、陶土、坩泥、石灰石、石英砂等储量非常大，尤其煤陶两大产业，素有"煤海、陶都"之称，闻名遐迩，曾一度在国计民生伟大工程中作出了历史性贡献。

我在这个镇上一个煤矿家属院长大。儿时的记忆，满是掏炭工粗犷的脸庞、制陶工细腻的胎浆，还有各类大小工厂，以及产业工人带来的一家老老少少，把一个小镇挤得满满当当。一个人口高度密集的小镇，自然是少不了群众文化的。无论遇到重大节庆还是劳作之余，人们最享受的精神大餐便是看上几场大戏，甚至一边忙着活计也一边吼着老秦腔、哼着信天游。那时的矿区，经常组织各类文艺汇演及比赛，生旦净末丑，吹拉弹唱扭，辈出能人，精彩纷呈。

耳濡目染，我从小就热衷于参加各类文体活动，经常代表校队参加乒乓球、篮球比赛。后来，竟然迷上了架子鼓，于是跟矿区乐队老师们学习乐理和技能训练。再后来，我便成了小镇上唯一的女鼓手，一度停薪留职受聘于平凉市的几家乐队，并在这个圈子里打拼了好些年。随着自己经济上的相对独立，也就开始打理自己喜欢的音乐小天地。那些日子，真的很嗨。

在离我家百里开外的地方，驻守着一支雄师劲旅。不曾想，在那个方阵里竟然有着我人生的真命天子，一个与我三哥算是同年入伍的战友，正在其中一支部队当着连队政治指导员。那一年，我在一场军地联谊会上与"真命天子"偶遇，后经好友撮合相识相爱，经不住对方勇猛顽强的攻势便把自己给嫁了。翌年，"东方之珠"——香港回归祖国母亲怀抱后的半个月，我们的儿子也投入到了我的怀抱。

那些年，丈夫在部队的工作流动性很大，先后转战陕甘宁粤晋等地。我随军随队十年，户口随迁，工作随调。先后安置在部队内部的图书室、影像室、照相馆及驻地的文化局稽查大队等等，基本都在"文化圈"。让我感触最深的，还是基层部队官兵对业余文化活动的迫切需求，同时也缺乏相应的文艺骨干。自然而然，我的一些小小文艺技能也派上了用场，也把自己常态化地融入军营文化天地里了。

后来，丈夫从团职岗位转业回孝感市计划安置。儿子也结束了他"马背童年十岁龄"的转学生活。我再次户口随迁，工作随调，被安置到人地生疏的孝感市群众艺术馆，一直从事着群众文化工作，从此真正意义上地与这个地方订了终身。掐指算来，走出小镇二十五年，如今安身孝城跨十五年，远离故土两千五百多里，真个是"直把他山当故乡"了。这就是我为什么要花那么大的篇幅讲述"从哪里来"的原因。

十五年间，自己积极适应环境转变、思想转弯、工作转岗、角色转换，坚持从政治理论水平、工作业务能力、作风纪律要求等各方面严格要求自己，做到在业务工作中不说"外行话"，在作风纪律上不当"特殊户"。初到单位时被安排在少儿培训部工作一年八个月，接着被上派到局机关学习锻炼八个月。从2013年1月开始一直负责牵头群艺馆增设的理论调研部工作。期间，自己完成了从高级工到初级助理馆员、中级馆员的蝶变，参加了若干技能考试、水平测试、技能大赛，参加了一些全国和全省各种征文比赛。期间，加入了中国农工民主党。

十五年间，虽然在本单位一直没有担任什么职务，也没获得什么荣誉，但自己坚持了一个字，那就是"写"。写公共文化服务体系建设动态、写优化青少年成长的文化环境、写非物质文化遗产的保护与传承、写文化馆体系建设的供给侧结构性改革、写楚剧与孝文化的渊源和共进、写农村留守群体的生存现状与文化需求、写如何实现乡村振兴与文化建设的有效衔接……目测一下自己经手的各类成文稿件的堆头，约摸 15 万字了吧，不多不少，年均一万字。

十五年间，林林总总码了不少的字。尽管有些稿件因具有时效性而不适合编辑成册，尽管有些文字还比较生涩，尽管不少理论成果还没有在实践中转化应用，但篇篇稿件都曾凝聚过辛勤的汗水，甚至还有些许苦涩的泪水，皆作留存，敝帚自珍，视若己出的孩子。毕竟，码这些文字的过程和在这些过程中码的字，是我在异地他乡的灵魂伴侣，是我蹒跚行走在群众文化工作路途的见证。

十五年间，我的"从文"之路得到了丈夫全程关注和支持。丈夫虽有文字方面的专长，但仅限于他自己的业务工作研究和业余文学爱好，从不给我"当枪手""作嫁衣"。丈夫兼师友，可以谈思路。近水楼台，明月自来。丈夫不厌其烦的"启智工程"，让我在文字这条艰辛的道路上学会了关注时势、独立思考、总结提高的方法，少走了很多弯路。丈夫平时给我写出的文字给予的最高肯定就是"还行""有进步"，尽管很少突破这五个字，但对我却是莫大的鞭策，通常驱使我立马兴奋地瞄准下一个选题，把键盘当音符反复敲击。

十五年间，我在思考中尝试着码字、投稿、参赛，30余篇次理论研究文章散见于《文化月刊》《文化大视野》《文艺生活》和湖北省群众艺术馆主办的《群众文艺指导》《荆楚群文》《路在脚下》等刊物，并被录入相关论文集。在《孝感日报》《孝感晚报》及省文旅厅、市文旅局等报纸网络平台发表新闻稿件100余篇次。先后荣获2013年首届湖北省群文系统业务技能大赛群文理论类金奖；2015年湖北省群众文化理论研究成果一等奖；分获2016年、2018年中国文化馆年会征文大赛三等奖；2017年《文化大视野》全国群众文化理论成果优秀论文奖（最高奖项），2017年第二届湖北省群文系统业务技能大赛群文理论类一等奖；2019年中国文化馆年会征文大赛优秀奖，第二届2019年中国现代文化馆理论创新发展征文优秀奖；2020年第三届湖北省群文系统业务技能大赛书法类优秀奖等。

党的十九届五中全会从战略和全局上对文化强国建设作出顶层擘画，纳入"十四五"时期经济社会发展主要目标。全会首度明确了建设文化强国的时间表，划出了包括提升公共文化服务水平在内的三大重点任务路线图。五年时间，我仍在从事群众文化工作的路上，还有很多事要做，还有不少题可写。五年时间，我得倍加珍惜，我得多出成果。再过五年，我也将到退休临界点，我将继续以平常之心对待自己赖以生存的工作岗位，以感恩之行对待所有给予我默默关注、无私帮助的人。

　　是以为序。

　　　　　　　　　　　　　　　　　　　　胡　玉
　　　　　　　　　　　　　　　　辛丑夏于湖北孝感

目 录

C O N T E N T S

探析楚剧在孝感的发源、嬗变、
传承及创新之路

摘　要：楚剧在发源、嬗变、传承发展的过程中，与孝感共见历史，共享荣耀。随着新兴文化的多样化，特别是互联网技术和新媒体的快速发展，观众审美情趣及各种思想文化交流交融交锋更加频繁，楚剧如何持续发展？孝感又该怎样担当传承发展创新的重任？本文重点结合孝感历史文化背景，着力从楚剧的传承与创新等方面进行了调查与思考。

关键词：楚剧；发源；嬗变；传承；创新

孝感市是中国著名的"孝子之乡"，是中华孝文化的重要发祥地之一，也是楚剧的重要发源地。如今，孝文化早已成为孝感市的文化之魂和城市名片，而楚剧则是孝感人弘扬孝文化的一种重要载体和传承方式。认真研究探索并深度解析楚剧文化的历史渊源和演绎进程，对于传承其文化精髓、厚植其艺术土壤具有十分重要的现实意义。

一、孝感以悠久的历史文化厚植了楚剧发源嬗变的艺术土壤

（一）对楚剧与孝感历史文化渊源的追溯

1. 有上千年以孝置县历史。楚剧文化及其表演艺术与孝感有着其形成和发展的本源。史志记载，南朝宋孝建元年（454 年），孝武帝刘骏鉴于该地"孝子昌盛"，首以"孝昌"为名置县。五代后唐同光二年（924 年），庄宗李存勖因孝昌县名之"昌"字犯了其祖父名讳，遂根据流传在当地诸多孝子孝行感天动地的经典故事，改"孝昌县"为"孝感县"。此后，历朝历代再未改孝感地名。1993 年 6 月，孝感撤地建市，成为全国唯一以"孝"命名的地级市，所辖的孝南区、孝昌县也以"孝"命名。

2. 有极丰富的孝文化资源。孝感以孝得名、以孝传名，孝文化资源极其丰富：中华"二十四孝"中董永"卖身葬父"、黄香"扇枕温衾"、孟宗"哭竹生笋"三个经典故事均发源于孝感，孝感素称"董永故里"，明清时期载入史册的孝子就有 493 位。发源于孝感的大量孝文化故事，为楚剧的发展提供了深厚的社会文化土壤，成为楚剧艺术表演的生动题材，被创编和演绎成多彩的剧目搬上戏剧舞台。

3. 有最鲜明的孝文化特征。为传承孝文化，彰显孝文化特征，孝感先后建成和修缮了孝子祠、董永公园、云梦黄香文化公园、孝昌孟宗文化公园等 20 多处孝址景点、城区景观和孝文化标志性路段；广泛开展孝廉机关、孝德校园、孝亲社区（村）、孝诚企业等"四孝"评选、"十大孝子"评选、孝亲敬老小天使评选表彰活动；成立了中华孝文化研究中心，孝文化研究渐成体系，孝文化文化产业蓬勃发展，形成了"至孝至诚，图强图新"的城市精神。2012 年成功申报"湖北孝文化之乡"，2013 年获得"中国孝文化之乡"称号。正是在孝文化这一优秀历史文化传承和时代文化进步的叠加背景下，楚剧日益发展成为现在孝感人引以为傲的一大标志性文化符号。

（二）对楚剧在孝感发源、嬗变历史的考证

1. 在 100 多年前开始发源。据考证，早在 100 多年前，鄂东的"哦呵腔"逐渐与孝感、黄陂一带的山歌、道情、竹马、高跷及民间说唱等融合，以小生、小旦、小丑为主，锣鼓伴奏，一唱众和，以简短的表演节奏、强烈的戏剧冲突获得百姓的喜爱。其形成初期只在农村元宵节玩灯时演唱，故又俗称"灯戏"；后来逐渐出现农闲时演出的麦黄班和常年演出的四季班，以及农村茶事等活动中，戏班也称"玩乡班"。民间有"百年楚剧看孝感"之说，普遍认同楚剧的重要发源地在孝感。

2. 自黄孝花鼓戏渐趋流行。自清代道光年间开始，"玩乡班"逐渐发展成以"黄陂腔、孝感调"为表演特征的地方声腔剧种，被称为黄孝花鼓戏。黄孝花鼓戏充分体现了鄂东一带鲜明的平民化、地方化、通俗化、生活化地方文化特色，因此逐渐流行开来。至清咸丰年间，黄孝花鼓戏开始在汉口市区外围一带演出，剧目和戏班也越来越多。1920 年，在孝感一带演出的花鼓戏班就达 40 多个，可见这一艺术表演形式在当地的流行，也足以证明其与孝感本土的深厚渊源。

3. 从定名楚剧后迅速发展。1926 年 9 月，在湖北剧学总会上，黄孝花鼓戏正式定名为"楚剧"；翌年，楚剧在汉口经过公演声名鹊起，并开始在武汉扎根繁枝，继而演出到上海、河南、四川、湖南、广西、贵州等省市。新中国成立后，楚剧得到了空前的繁荣和发展，影响范围扩大到湖北中部、北部和东南部的大部分地区，流行于武汉、孝感等十多地市五十余区县，继而发展演变成为湖北省具有广泛影响的地方剧种之一。

（三）对楚剧在孝感传承、发展轨迹的探寻

1. 先后产生了众多名剧名家。楚剧传承孝文化之脉，在孝感这片艺术热土上生生不息，艺术家们传承和创作了《百日缘》《女驸马》《双玉蝉》《桑园曲》《霸王别姬》《赶会》《拦马》《荞麦馍赶寿》等一大批脍炙人口的经典剧目，涌现出了诸如谭祭泰、冷月楼、沈云陔、陈哈子、谈脚云、胡桂香、章炳炎、关啸彬、白莲花等众多楚剧表演名家。其中，由孝感民俗作家宋虎创作的现代题材小楚剧《双教子》，于1964年5月20日参加湖北省楚剧会演引起轰动，被各剧团、剧种争相上演；1965年，该剧由珠江电影制片厂摄制成同名电影上映。

2. 相继组建了一批专业剧团。新中国成立以来，孝感及所属县市区都先后成立了专业楚剧团，业余剧团也相继组建并发展壮大。至今，孝感全市拥有专业楚剧团7个（其中，5个国办、2个企办），业余楚剧团22个，以楚剧为当家节目的民间乐班则多达328个，专业和业余楚剧演员达到2万多人。

3. 连续承办了多届节演活动。1990年，湖北省首届楚剧艺术节选在楚剧重要发源地的孝感市举办，至今已成功举办了6届，其中孝感就承办了5届，引来省内20多个专业剧团带来的100多个精彩剧目共享。2006年9月，首届孝感楚剧展演正式开锣；至2016年9月，孝感连续成功举办了11届楚剧艺术展演，每届持续8—10天。历届楚剧节演活动，吸引观众总量累计超过420余万人次。

二、孝感以高度的文化自觉担当着楚剧传承的历史使命

（一）在政府主导下推进楚剧持续发展

1. 党委政府重视。20多年来，孝感市相继举办11届"孝感楚剧展演"和每3年一届的"湖北楚剧艺术节",并不断创新模式,全面推进,为楚剧文化的活态传承提供了坚强的组织保障。

2. 财政投入给力。市财政以每届不低于50万元的资金支持楚剧展演;每年还拿出10万元用于全市各专业剧团中青年骨干演员的培训,并设立地方戏保护专项经费。自2012年起,孝感市将楚剧研究保护和发展经费正式列入专项财政预算,并对城市广场社区、街心公园和下乡公益演出的楚剧文化活动给予了相应的政策补助;先后投入200万元财政资金开办了两届"楚剧新苗班",每年投入专项经费用于楚剧资料的收集保护、整理研究和楚剧传统技艺抢救传承。市县两级财政对楚剧精品剧目进行专项资金扶植,支持历届楚剧参演剧目创编资金累计2600余万元。

3. 省市合力推动。从第四届湖北省楚剧艺术节暨第四届孝感楚剧展演的合办活动开始,省文化厅每3年划拨20万元的专项经费用于支持湖北省楚剧艺术节。经孝感市文化体育新闻出版局申请,湖北省文化厅批准将湖北省楚剧艺术节的永久举办地点设置在孝感,由此形成了"省市合力,节演合办"的常态模式。

(二)在发掘保护中推进楚剧活态传承

1. 让楚剧进入每个孝感人的文化视野。近年来,孝感市委、市政府以传承和弘扬孝文化、发展楚剧艺术的自信与担当,将精心打造"中国楚剧艺术之乡"列入城市发展战略,深入宣传,广泛发动，多措并举，合力推进。孝感人在不断了解和欣赏楚剧文化中，切身感受到楚剧是与每个人的生活有机地结合在一起的，是一种必须保护、值得传承、可持续发展的本土"活态文化"。

2. 把楚剧打造成孝感亮丽的文化名片。2006 年，楚剧被列入首批国家级非物质文化遗产名录；2011 年，孝感市通过对楚剧发源地论证，成功申报为省级和国家级的"民间艺术之乡"；2013 年，"孝感楚剧展演"获第二批国家公共文化服务体系示范项目创建资格；2014 年，"孝感楚剧（传统戏剧）"入选国家非物质文化遗产代表性项目扩展名录；2016 年，"孝感楚剧展演"被文化部验收为第二批国家公共文化服务体系合格示范项目。

3. 深度挖掘各类社会资源。多年来，孝感坚持以群众为中心的楚剧创作和表演原则，坚持以"政府投入，民间赞助"的创新模式，充分挖掘整合社会资源大力发展楚剧。从首届孝感楚剧展演起，福星科技集团即以"福星杯"冠名的形式每年投入 30 万元赞助经费，并以常年数百万元的资金投入其自发组建的福星楚剧团，新编大戏《人在福中》等剧目和剧团、演员屡获大奖。全市各剧团纷纷引入社会资本，着力打造精干队伍、创编精彩剧本、推出精品剧目，相继产生《三个媳妇》《孝子情》《槐荫谣》《桑园曲》《虎将军》《中原突围》《大姑爷坐席》等一大批创新楚剧剧目和优秀演职人员在市、省乃至全国获奖，并经常到周边地区巡回交流，使楚剧得到空前繁荣和发展。

4. 不断扩大楚剧受众层面。每届楚剧展演期间，都要在孝感市人民广场开设主会场，在所辖 7 个县市区开设分会场进行同步展演。这种"1+7"模式的集中展演活动，有效覆盖了孝感城乡，辐射到周边地市。据不完全统计，孝感的各专业楚剧团平均每年演出近 2000 场次，业余楚剧团和民间戏班平均每年演出则多达上万场次，观演的戏迷上百万人计，覆盖 119 个乡镇和社区。

三、必须以创新的发展理念引领楚剧传承走持续创新之路

（一）敢于正视问题，牢固树立创新传承发展理念

1. 用艺术的视觉审视。任何一种艺术形式都应与时俱进，否则就会失去应有的生命力。当前，新兴文化表现多样、观众审美情趣日益提高，特别是互联网技术和新媒体的快速发展，各种思想文化交流交融交锋更加频繁，楚剧的传承和发展与其他戏曲一样，存在剧团负担沉重、生存艰难、人才流失、后继乏人，失传严重以及剧目受冷落等困境。

2. 从大局的角度思考。作为楚剧重要发源地的孝感市，如何面对楚剧展演设施先天不足、创作表演人才匮乏、传承基础工作薄弱、策划支持项目力度不够等问题？怎样才能避免这一艺术瑰宝遭遇市场化浪潮下的冷遇与尴尬、脱离困境？怎样才能履行好公共服务的责任和楚剧传承的使命？又怎样才能守住阵地、赢得

观众，在异彩纷呈的艺术形式殿堂上占有一席之地？

3. 以发展的理念传承。对于楚剧在传承发展中已经存在的短板和出现的问题，必须坚持创新、协调、绿色、开放、共享的新发展理念；必须深化对中华优秀传统文化重要性和传承弘扬艰巨性的认识，进一步增强文化自信和文化自觉；必须深入挖掘"国家非遗"的价值内涵，进一步激发"百年楚剧"的生机与活力。

（二）大胆创新机制，着力构建楚剧传承发展体系

1. 紧抓发展机遇。当前和今后一段时期，必须紧紧围绕中共中央、国务院办公厅《关于加快构建现代公共文化服务体系的意见》《关于实施中华优秀传统文化传承发展工程的意见》等一系列政策文件，结合实际认真制定发展规划，着力构建优秀传统文化传承发展体系。

2. 紧促政策落地。坚持"坚持保护为主、抢救第一、合理利用、加强管理"的方针，把一些知名楚剧表演艺术家的舞台艺术通过录像、录音记录保存起来，及时挖掘和整理加工，编辑出版优秀传统剧目的剧本及相关资料。加强剧团与高校院所合作，将楚剧纳入艺术学校专业课程，梯次培养楚剧需要的演员、编剧、导演、作曲和理论研究人才。积极争取政府财政支持，建立楚剧传承发展基金，重视人才培养，力争推出一批底蕴深厚、涵育人心的楚剧精品。

3. 紧跟时代节拍。综合运用报纸、书刊、电台、电视台、互联网站等各类载体，融通多媒体资源，统筹宣传、文化、文物等各方力量，大力彰显楚剧文化魅力，进一步提高楚剧的艺术时代感、社会影响力和民众参与度。广泛汇集社会力量振兴楚剧，发动和鼓励热爱楚剧的企业和企业家，参与剧团改革创新，充分激活经营机制。

（三）坚持活态传承，大力推进文化与产业融合发展

1. 坚持保护与传承并举。以实施孝感市委、市政府关于精心打造"中华孝文化名城"和"中国楚剧艺术之乡"城市发展战略为契机，以高度的政治责任感和历史使命感把楚剧振兴发展纳入"十三五"规划，在保护中传承，在传承中创新。要强化阵地意识、精品意识，发挥楚剧文化产业的带动作用。坚持尊重艺术本体和艺术发展规律相结合，紧跟时代，紧贴民众，锐意创新，活态传承。

2. 推动形式与内容创新。积极探索将楚剧与新兴娱乐方式和传播媒介融合的新路径，在内容上创作新编现代戏、复排经典大戏，在形式上保留楚剧基本特征吸收融合其他的艺术形式。可尝试以楚剧为主体，创作推出楚剧小品、音乐、电影、动漫、歌舞等艺术形式，以一种新的姿态新的角度呈现在观众面前。精心策划楚剧振兴的支撑项目，把更多的楚剧表演节目搬上舞台，塑造

具有孝感特色、辐射面广的大型文化节庆活动品牌。加强对外交流与合作，提升楚剧文化影响力，进一步促进对楚剧艺术的更好保护、传承与发展。

3. 促进文化与产业共进。从公共文化供给侧需要出发，加大重点剧目的投入，积极推行政府采购、项目招标的办法，激活演出市场；创新演出营销模式，实现多重覆盖；鼓励剧团面向农村、走向基层、对外交流。重点培植楚剧文化主体，培育现代企业文化。广泛汇集社会力量振兴楚剧，鼓励剧团与龙头企业、知名品牌联姻，精心打造楚剧文化品牌，开发楚剧衍生商品，发酵文化能量，发挥辐射效应，拉动文化消费，使企业的经济效益和楚剧的社会效益双赢共进。

（此文获 2017 年第二届湖北省群文系统业务技能大赛群文理论类一等奖；获 2018 年中国文化馆年会征文三等奖并被《获奖作品集》录入；2019 年被《湖北省群众文化理论与实践论文集》录入）

【参考文献】

[1]《中国戏曲志》（湖北卷）；

[2]《楚剧进城一百年》，余文祥，中国档案出版社，2001年版；

[3]《孝感文化研究》，吴崇恕、李守义，社会科学文献出版社；

[4]《走进文化孝感》，胡雪城主编，武汉出版社，2015.10；

[5]《孝感市志》（1949—2009），湖北人民出版社，2014.10。

基于孝道衍生的文化及其保护与创新传承

中华孝道文化经过上下五千年的历史沉淀，已成为中华民族尊奉推崇、繁衍生息、薪火相传、推动社会进步的优良传统与核心价值观。地处江汉平原北部，有着悠久历史文化渊源的孝感市，素称"董永故里"，是中国著名的"孝子之乡"，是中华孝文化的重要发祥地之一。深入了解、积极保护并创新传承孝道文化这笔丰厚的非物质文化遗产，意义深远，责任重大。

一、深入探究孝道文化深厚的历史底蕴和文化资源

孝道文化源远流长。孝道文化是中华传统文化中的瑰宝，它有着悠久的历史。甲骨文中的"孝"是一个会意字，它的意思是小子搀扶着长着长长胡须的老人；中国第一部解释词义的著作《尔雅·释训》的定义是"善事父母为孝"；汉代贾谊在《新书》里界定为"子爱利亲谓之孝"；东汉许慎在《说文解字·老部》

的解释："善事父母者，从老省、从子，子承老也。"从这里我们可以看出，"孝"的古文字形与"善事父母"之义是吻合的，因而孝就是子女对父母的一种善行和美德，是家庭中晚辈在处理与长辈的关系时应该具有的道德品质和必须遵守的行为规范，其核心主张是敬老养老，同时倡导以孝修身、和谐家庭、报国敬业、凝聚社会。中华民族文化博大精深，源于诸子百家，尽管历代都有损益变化，但孝道的思想和传统始终统领着几千年中华民族文化的发展方向，兼收并蓄地同化无数外来文化。中华民族文化之所以经久不衰，成为古代世界文明延续至今的唯一的古文明，其根本原因也在于传承着孝道文化。

孝感闻名由来已久。孝感以"孝"得名、以"孝"传名，孝文化资源极其丰富。孝感人传承和弘扬孝道文化具有相当的文化自信，骨髓里有着孝文化的 DNA。中国"二十四孝"故事中的董永"卖身葬父"、黄香"扇枕温衾"、孟宗"哭竹生笋"三个经典孝道故事的发源地就在孝感。孝感是经过漫长的历史文化积淀，才逐步形成本地传统文化特色和社会进步主流。在秦代的南郡、汉代的荆州江夏郡、晋代的安陆郡所辖的这块土地上，南北朝时期的宋孝建元年（454 年），鉴于该地"孝子昌盛"之故设置"孝昌县"；后唐同光二年（924 年），庄宗李存勖因县名中的"昌"字犯了其祖父名讳，遂根据当地盛行孝子行孝的社会风气特点，改"孝昌县"为"孝感县"，此后孝感或郡或县或专署，成为地名固定下来，1993 年 6 月，孝感撤地建市，孝感市成为全国唯一以"孝"命名的地级市，所辖 7 个县（市、区）中的孝南区、孝昌县也是以"孝"命名的。孝感的"孝"字脉络分明，清晰可见。

文化资源俯拾皆是。建市以来，孝感市以建设"中华孝文化名城"为目标，大量汲取孝道文化的丰富营养，深入挖掘孝文化现代价值，丰富载体推进孝文化实践，倾情打造孝文化城市名片，使孝道文化内涵与时俱进，孝行表现形式趋于社会认同，并催生磅礴激荡的精神力量，推动了社会主义核心价值观建设和孝感新跨越。这一切，主要得利益于深入挖掘和充分利用了孝道文化资源。a. 孝子典型示范带动，孝感有中华二十四孝的 3 个经典故事原型，有明清时期载入史册的 493 位孝子，有建市后经过 8 届"十大孝子"评选活动树立的 80 位孝子楷模，包括获得各类孝子评选活动资格的参选对象 2000 余人；b. 孝义研究渐成体系，立足孝道文化传承，依托湖北工程学院成立了"中华孝文化研究中心"，其他孝义研究平台达 12 家；c. 以孝文化为题材的楚剧、小品、故事会等 20 多种艺术表现形式精彩纷呈，深受百姓喜爱；d. 把孝文化与文明城市建设发展紧密结合，建成和修缮了市区董永公园、槐荫公园、天仙配雕塑、董永馆、孝子祠、鸳鸯楼、理丝桥，以及云梦黄香文化公园、孝昌孟宗文化公园等孝址景点和城区景观，美化了槐荫大道、天仙路、仙女路、孝天路等标志性路段，各类孝文化元素增添了城市的文化厚度，提升了孝感的美誉度。

二、当前传承孝道文化展现的文化自信和文化自觉

坚持以文化担当为己任。中华五千多年文明史源远流长，从没断流，一个非常重要的支撑就是文化自信。近年来，孝感市委、市政府以高度的文化自信重视孝文化建设，把建设"中华孝文化名城"作为一项战略目标，总体谋划，全面推进，通过不断增强文化建设"软实力"助力孝感经济社会发展。2013 年组织编制了《大力推进文化跨越、加快建设中华孝文化名城纲要》，从研究孝义、保护孝址、建设孝景、评选孝子、繁荣孝艺、拓展孝商、举办孝节、弘扬孝德等 8 条主要渠道着手，以孝文化项目为支撑，进一步明确目标和举措，致力把孝感打造成中华孝文化研究高地、传播实践基地、旅游胜地和老龄产业基地，获得"中国孝文化之乡"和"中国十大最具幸福感城市"等称号。流传千古的孝文化，凝练成孝感的城市精神"至孝至诚，图强图新"，使孝文化进一步成为孝感引以为豪的品牌，为孝感成为富有文化气质的魅力城市积累了底蕴。

坚持以文化研究为引领。孝感市委、市政府为进一步挖掘和

提高孝文化的现代价值，坚持以社会主义核心价值观为引领，支持成立了"中华孝文化研究中心""湖北省孝文化研究会"等研究机构，去粗取精、继承创新，大力推进孝文化理论研究。先后成功举办了"孝文化与现代文明""孝文化与青少年思想道德建设"、国际亚细亚民俗学会第十五次学术大会等孝文化研讨活动，取得丰硕学术成果。湖北工程学院被确定为"国际亚细亚民俗学会研究基地"。近年来，孝感利用传统工艺研究和开发的《董永与七仙女》《百孝图》等剪纸产品，成为旅游纪念品和馈赠珍品。综合历年研究成果，先后设立了中华孝文化研究课题 30 多个，出版了《中国孝文化概论》《中国孝文化与当代社会》《弘扬中华传统文化构建现代和谐社会》等专著 40 多部，发表学术研究文章 200 余篇，为传承弘扬孝文化提供了理论支撑。

坚持以文化实践为抓手。为进一步丰富载体推进孝文化实践，孝感市全面动员，全民参与，全力支持。一是深入开展宣传教育。大力倡导"小孝持家、中孝敬业、大孝爱国"理念，把"孝亲敬老"写入《市民公约》《村民公约》，积极推动孝文化进家庭、进村组、进社区、进学校、进机关、进企业；编印《中华孝文化通俗读本》作为孝感地方课程教材，广泛开展"孝心传递"书信感恩、"情暖重阳孝行周"等活动，让广大青少年从小就接受孝文化教育和熏陶。二是注重典型示范带动。连续举办 12

届"中华孝文化旅游节"、8届"十大孝子"和5届"十大孝亲敬老小天使"评选活动，全市先后涌现出谭之平、田强、周冲、严大平、吴和平、周小贺、涂红刚、蒋志刚等一大批在全国有影响的先进典型。三是大力支持养老事业。出台60岁以上老人免费乘坐公交车，80岁以上老人享受高龄补贴等政策，切实保障老年人生活；投资10亿元建设"中华敬老园"，探索和实行"医养结合、公建民营、社区养老"等养老敬老服务新模式，被列为全国养老服务业试点城市。四是大力发展孝道文化艺术。自2006年开始连续举办了十届楚剧文化艺术展演，其中孝文化题材的剧目占60%以上，吸引观众总量累计超过350万人次；楚剧小戏《三个媳妇》等一大批创新剧目在省内、全国获奖；以楚剧、话剧、黄梅戏、皮影、善书、故事会等民间说唱表演和书法、剪纸、竹简、绘画、泥塑、刀刻等民间工艺等体现孝文化的表现形式多达20余种，被列入保护传承的项目32个；以摄影、微电影、文艺晚会、新闻报道、"互联网+"等表现形式的现代传媒，进一步催生了孝文化产业，有力推动了全市经济社会发展。

三、大力弘扬孝道文化面临的历史责任和创新道路

在孝文化发展方向上做到"三个必须"。在老龄社会现象逐渐凸现的条件下，作为拥有一系列"孝文化之最"光环的孝感

市，需要以一种高度的政治敏锐性和历史责任感，进一步精心构建符合时代要求的孝道文化新理念，坚持做到"三个必须"：一是必须坚持继承和批判相结合，吸取精华，扬弃糟粕；二是必须坚持道德建设和法制建设相结合，培育人们的道德意识和法制意识；三是必须坚持继承和创新相结合，根据时代要求与时俱进，给"孝"注入了新的时代内涵，即"小孝为父母，大孝为人民；移小孝为大孝，替天下儿女尽孝心"。通过不断丰富孝文化的时代内涵，采取演进、进化、改造、重建，使新孝文化成为孝感先进文化的重要组成部分。

在孝文化传承方式上开展"三个创新"。一是创作更多文艺精品。进一步加强孝文化人才队伍建设，充分发挥孝感市文艺创作中心功能作用，积极推行文艺家签约创作制，鼓励和支持文艺工作者潜心开展重大题材或重点项目创作。通过建立创作基地、实行文艺人才"引进来、走出去"交流机制、落实"假期福利"激励和"上挂下派"锻炼等途径，推动文艺工作者深入实践，激发创作热情。设立孝感市槐荫文艺奖，促进文化艺术创作，多出精品力作。二是创新文化管理体制。巩固和深化文化市场综合执法改革，推进文化、广播影视等部门行政管理职能整合；推进乡镇综合文化站管理机制创新，实施从业人员职业资格制度，推行县管县聘公用；逐步建立和完善以资产关系为纽带的经营性国有文化资产监督管理体系；发展壮大高端文化人才队伍，不断改善基层文化人才队伍结构，人才培养、使用、激励机制更加科学，人才聚集优势逐步显现。三是创新融合推动方式。大力促进孝文化与教育、科技、旅游等产业的融合发展，延伸孝文化产业链，提高文化附加值；进一步加强孝文化的理论研究，深入探讨孝文化的当代价值和实践应用，加快孝感剪纸、汉川善书、云梦皮影等传统艺术形式推陈出新，加强"董永传说"等非遗项目的活态传承；大力开展孝德、孝廉文化活动，建立一批孝德、孝廉文化教育实践基地；充分整合孝文化节、黄香文化节、孟宗文化节等节庆活动，塑造具有孝感特色、辐射面广的大型文化节庆活动品牌，加强对外交流与合作，提升孝文化影响力；开展"十大孝子""十大孝亲敬老小天使""敬老文明号"等评选活动，树立一批道德模范；争创"中国孝子之乡"、湖北省"敬老模范城"，提升城市爱心指数和老年人幸福指数。

在孝文化产业发展上突出"三个重点"。文化是民族的精神支持，是民心的重要支撑，是民生的强力支点。当前和今后一个时期，孝感在孝文化产业发展上应突出"三个重点"：一是重点培植孝文化主体，发展骨干企业。应积极鼓励各类资本创办以孝文化为主打产品的文化企业，促进各类文化企业以资本为纽带，进行跨媒体、跨地区、跨行业、跨所有制的兼并、重组、联合。

抢抓"三网融合"发展机遇，扩大文艺院团改革成果。在已经组建的孝感日报报业传媒集团的基础上，组建孝感广电传媒集团和孝感演艺集团，通过扶持三大集团做大做强，成为孝感文化市场的"领头羊"。同时，通过进一步梳理整合具有潜质的文化企业，规范公司治理，积极推进文化企业上市，带动包括孝文化的更多文化产品发展壮大。二是精心打造孝文化品牌，发挥辐射效应。充分发掘孝文化丰厚底蕴，着力打造一批具有地方特色的文化精品，推出一批具有持久竞争力的文化品牌、服务品牌、企业品牌、城市品牌。三是全面拉动孝文化消费，发酵文化能量。把更多的孝文化产品植入书报刊、电子音像制品、演出娱乐、影视剧、工艺品、互联网等文化产品主战场，让孝文化产品逐步占领资本、产权、人才、信息、技术等文化要素市场前沿阵地，推进连锁经营、物流配送和电子商务，加强文化商品营销体系建设；充分发挥"一县一品"在地方文化事业发展中的引领作用和示范效应，把孝文化作为灵魂渗透到旅游产业的各个环节，充分发掘、整合、提升孝文化、楚文化、李白文化、红色文化、银杏文化、膏盐文化、温泉文化等各类文化资源，不断扩大孝文化消费市场；吸引优质科教文化资源要素，建立孝文化创意工作室，打造孝文化创意产业的孵化器、转化器和加速器，使孝文化创意产业成为孝感经济发展新的增长点。通过文化产业与经济实力的不断提升，进一步促进对孝文化艺术的更好保护、传承与发展。

（此文获 2015 年度湖北省群文理论研究成果一等奖；获 2016 年中国文化馆年会征文三等奖，并收入该项征文获奖作品集）

探究楚剧的发源传承脉络及创新发展方向

——以楚剧的重要发源地湖北孝感为例

　　地处江汉平原北部的孝感市，有着悠久历史文化渊源，是中国著名的"孝子之乡"，是中华孝文化的重要发祥地之一，也是楚剧的重要发源地。在上千年孝道文化和上百年楚剧文化嬗变传承历史中，做出过贡献，获得过荣耀，形成了特色。孝文化和楚剧都是与孝感渊源深厚的国家级非物质文化遗产，孝文化是孝感市的文化之魂和城市名片，而楚剧是孝感人弘扬孝文化的一种重要载体和传承方式。然而，任何一种艺术形式都应紧贴时代，紧接地气，否则就会失去应有的生命力。随着我国经济社会深刻变革，对外开放日益扩大，新兴文化表现多样，特别是互联网技术和新媒体的快速发展，观众审美情趣及各种思想文化交流交融交锋更加频繁，作为楚剧重要发源地之一的孝感，如何才能更好地担纲传承发展大任？认真研究探索并深度解析楚剧文化的历史渊源和演绎进程，对于传承其文化精髓和厚植其艺术土壤具有十分重要的现实意义。

一、楚剧在孝感当地有着深厚的历史渊源和艺术土壤

（一）孝感的历史文化渊源

孝感地名是经过漫长的历史文化积淀，才逐步形成本地传统文化特色和社会进步主流。史志记载，孝感建县的起源可追溯到南朝时期，宋孝建元年（454 年），鉴于该地"孝子昌盛"，首置"孝昌县"；后唐同光二年（924 年），庄宗李存勖因孝昌县名之"昌"字犯了其祖父名讳，遂根据流传在当地诸多孝子孝行感天动地的经典故事，改"孝昌县"为"孝感县"。此后，孝感或郡或县或专署，成为地名固定下来。1993 年 6 月，孝感撤地建市，成为全国唯一以"孝"命名的地级市，所辖 7 个县（市、区）中的孝南区、孝昌县也是以"孝"命名的。孝感的"孝"字，脉络分明，清晰可见。孝感以孝得名、以孝传名，素称"董永故里"，中华二十四孝中董永"卖身葬父"、黄香"扇枕温衾"、孟宗"哭竹生笋" 3 个故事的发源地在孝感；明清时期载入史册的孝子就有 493 位。后来，孝感人以这些民间故事为原型，不断赋予孝文化的时代内涵，并创作演绎了大量脍炙人口的曲艺节目，其中大部分借助楚剧形式进行传承。

今天的孝感，大量汲取孝道文化的丰富营养，深入挖掘孝文化现代价值，丰富载体推进孝文化实践，倾情打造中华孝文化名城，使孝道文化内涵与时俱进，孝行表现形式趋于社会认同，并催生磅礴激荡的精神力量。孝感建市后，先后建成和修缮了市区董永公园、槐荫公园、董永馆、孝子祠、孝廉碑、鸳鸯楼、理丝桥，以及云梦黄香文化公园、孝昌孟宗文化公园等 20 多处孝址景点和城区景观；美化了槐荫大道、天仙路、仙女路标志性路段；举办了 8 届"十大孝子"评选活动，树立了 80 位新时代的孝子典型；依托湖北工程学院成立了"中华孝文化研究中心"，其他注册的孝义研究平台达 12 家，孝义研究渐成体系，孝文化产业蓬勃发展，各类孝文化元素增添了城市的文化厚度，推动了社会主义核心价值观建设和孝感新跨越。

中华民族文化博大精深，源于诸子百家，尽管历代都有变化，但孝道的思想和传统始终引领着几千年中华民族文化的发展方向，兼收并蓄地同化无数外来文化。中华民族文化之所以经久不衰，成为古代世界文明延续至今的唯一的古文明，其根本原因也在于长期坚持传承着中华孝道文化。

（二）楚剧在孝感的发源嬗变

据考证，孝感是楚剧的重要发源地之一，至今已有 160 多年的传承发展历史，民间早有"百年楚剧看孝感"之说。早期的楚剧主要是以鄂东的哦呵腔与黄陂、孝感一带的山歌、道情、竹马、高跷及民间说唱等融合形式出现，其形成初期只在农村元宵节玩灯时演唱，故又俗称"灯戏"；后来逐渐出现农闲时演出的麦黄班和常年演出的四季班，以及农村茶事等活动中，戏班也称"玩乡班"。自清代道光年间开始，逐渐发展成以"黄陂腔、孝感调"为表演特征的独立地方声腔剧种，被称之为黄孝花鼓，亦称西路花鼓。这些民间曲艺贴近生活，紧接地气，表现手段丰富多样，具有很强的包容性，充分显示了鄂东一带地方文化的特色，也因此能够迅速发展并流行开来。

1926 年 9 月，在湖北剧学总会上，黄孝花鼓戏经公认正式定名为"楚剧"；翌年，楚剧在汉口经过公演声名鹊起，并开始在武汉扎根繁枝，继而演出到上海、河南、四川、湖南、广西、贵州等省市。抗日战争时期，广大楚剧艺人组织"抗敌宣传队"进行流动演出，郭沫若同志曾赋诗礼赞："一夕三晖唱楚歌，霸王垓下叹奈何。是事从兹浑无敌，铜琶铁板胜干戈。"

新中国成立后，楚剧得到了空前的繁荣和发展，影响范围扩大到湖北中部、北部和东南部的大部分地区，流行于武汉、孝感、鄂州、黄冈、荆州、咸宁、荆门、宜昌、黄石、随州十地市五十余区县，成为湖北省具有广泛影响的地方剧种之一。在漫长的历史发展过程中，楚剧因其内容既贴近生活又紧跟时代发展，表现手法丰富多样，且具有很强的包容性而深受群众喜爱。2006年5月，楚剧及孝感市申报的"董永传说"等被国务院批准列入第一批国家级非物质文化遗产名录。孝感作为两大"国家非遗"重要发源地的地位再次得到肯定。

(三) 楚剧在孝感的传承轨迹

在一百多年的传承过程中，楚剧以简短的节奏、强烈的戏剧冲突演绎本土文化，尤其注重刻画日常生活中的琐事，突出反映家庭伦理道德和社会现实问题，深受群众的喜爱。孝感的楚剧文化之脉和艺术土壤生生不息，艺术家们传承和创作了《百日缘》《女驸马》《双玉蝉》《杜十娘》《荞麦馍赶寿》等一大批脍炙人口的经典剧目，也先后走出了陈哈子、谈脚云、胡桂香、章炳炎、关啸彬等众多楚剧表演名家。

作为楚剧的主要发源地之一，孝感长期承担着继承和发扬楚剧艺术的重任，各县市区都先后成立了专业楚剧团，业余剧团也相继组建并发展壮大。其中，组建于1950年的孝感楚剧团，曾于1958年12月25日国家领导人视察孝感时，专场演出了传统楚剧《赶会》《拦马》，受到高度赞誉。统计数据显示，该剧团组建60余年来，累计演出楚剧4780余场次，表演内容大多是传统精粹，并积极配合宣传党和国家的大政方针，同时富有生活气息的新编、改编剧目。2012年11月，经省政府批准，剧团更名为湖北省实验楚剧团，继续为楚剧传承付诸努力和贡献。

1990 年，湖北省首届楚剧艺术节选定在楚剧发源地之一的孝感举办，由此揭开了我省楚剧文化传承的新篇章。为了更好地传承弘扬楚剧这一非物质文化遗产，并以此为依托大力推进孝感的公共文化服务体系建设，2006 年 9 月，首届孝感楚剧展演正式开锣，此后每年一届。至 2016 年 9 月，孝感连续成功举办了 11 届楚剧文化艺术展演，其中孝文化题材的剧目占 60% 以上，吸引观众总量累计超过 400 万人次。"每年一展演，三年一盛节"，楚剧展演已成为孝感人民的文化艺术盛宴，楚剧已经成为孝感人传承弘扬孝道文化、创新楚剧文化的重要演绎形式。

二、孝感人传承楚剧文化所表现的文化自信与使命担当

（一）重视非遗保护，推进活态传承

孝感人骨髓里有着中华传统文化的 DNA，也有传承和弘扬孝文化、楚剧等非物质文化遗产的自信与担当。楚剧是孝感土生土长的剧种，它产于孝感特定的文化生态和文化时态之中，它和孝感人民的生活有机地结合在一起，作为优秀传统文化表现形式的楚剧，是一种值得传承、可以激活的"活态文化"。

2006 年，楚剧被列入第一批国家级非物质文化遗产名录；2011 年，孝感市通过楚剧发源地论证，成功申报成为省级和国家级的民间艺术之乡；2014 年，"孝感楚剧（传统戏剧）"入选国

家非物质文化遗产代表性项目名录扩展项目名录。为了让广大人民群众更充分地参与到活动中来，历届孝感楚剧展演都坚持以群众为中心的楚剧创作和表演原则，科学设置了剧目、演出、编剧、作曲、伴奏和传承贡献等奖项，此外还设置了"最受群众喜爱的剧目"奖项，由现场和场外的观众投票决定得奖归属，极大地激发了群众的参与热情。

孝感民众通过参与楚剧展演活动，既提升了自身对地方特色戏曲文化传承的认同感，也有力促进了非遗保护和活态传承工作在当地的顺利开展，大量优秀剧目相继产生。楚剧《三个媳妇》《吊子卖鞋》《孝子情》《槐荫谣》等一大批创新剧目和优秀演职人员在市、省乃至全国获奖。其中，小戏《桑园曲》《大姑爷坐席》获全国一等奖；大戏《虎将军》《中原突围》进京演出，分别荣获首届文化部"文华奖"、中宣部"五个一工程奖"。

(二) 坚持政府主导，助力节演合办

近年来，孝感市委、市政府将每年一度的本地楚剧展演暨每三年一届"厅市合办"的湖北楚剧艺术节，作为公共文化服务体系建设的一大重要课题，创新模式，全面推进。在每届节演前都会组织相关职能部门主要领导参加的工作协调会议，精心组织部署楚剧展演活动期间的安全保卫、演出保障、交通疏导、食品卫生、医疗救护、场地使用等具体工作，落实责任，合力办演。

在政府财政资金投入方面，市财政以每届支持不低于 50 万元的力度用于楚剧展演，每年还拿出 10 万元用于全市各专业剧团中青年骨干演员的培训，并设立地方戏保护专项经费。同时，孝感各级财政对楚剧精品剧目进行专项资金扶持，仅全市支持历届楚剧参演剧目创编的资金累计 2600 余万元。2009 年，孝南区政府拨款 500 万元，建成一座 850 平方米功能比较完善的剧场。自 2012 年起，孝感市将楚剧研究保护和发展经费正式列入专项财政预算，并对城市广场社区、街心公园和下乡公益演出的楚剧群众文化活动给予了相应的政策鼓励和不定期不定额的补助。

从第四届湖北省楚剧艺术节暨第四届孝感楚剧展演的合办活动开始，省政府财政每三年至少划拨 20 万元的专项经费用于支持孝感楚剧展演，每年还专门划拨送戏下乡补贴，以支持常年在孝感开展的城乡楚剧表演活动。经孝感市文化体育新闻出版局申请，湖北省文化厅批准将湖北省楚剧艺术节的永久举办地点设置在孝感，由此形成了"厅市合力，节演合办"的常态模式。

（三）优化公共服务，统筹城乡文化

近年来，孝感市委、市政府将精心打造"中华孝文化名城"和"中国楚剧艺术之乡"列入城市发展战略，并专门成立孝感楚剧保护传承中心，纳入政府公益事业编制和全额财政预算。通过财政专项投入、政策扶持等手段全力支持楚剧展演，对专业和业余的楚剧表演剧团均给予相应的政策扶持，设立了每年 20 万元的专项经费用以支持送戏下乡工作，将楚剧演出深入乡村，积极推进文化惠民工程建设，为广大人民群众享受均等化的公共文化服务提供了有力保障。

孝感楚剧展演属于国家大型公共文化示范项目。每届楚剧展演期间，都要在孝感市人民广场开设主会场，轮流选定一个县作为基层分会场进行同步展演。这种集中展演的活动方式以点带面、辐射全市及周边地市，楚剧演出活动常年广泛地在孝感城乡周边开展起来。活跃在城市的民间大小楚剧表演戏班，几乎全年不间断地进行演出。而在农村，每逢重大节日以及家庭红白喜事，大小规模的楚剧表演更是不可或缺的"精神大餐"。

在政府的大力支持下，孝感的楚剧创作和表演的从业队伍不断壮大，公共服务网络进一步健全。至今，孝感全市拥有专业楚剧团 7 个（其中，国办剧团 5 个，民办剧团 2 个分别为汉川市福星楚剧团、孝昌县楚剧团），遍及城乡的业余楚剧团 22 个，以楚剧为当家节目的民间乐班则多达 328 个，专业和业余楚剧演员现已达到 2 万多人的规模。据不完全统计，孝感的专业楚剧团平均每年演出近 2000 场次，业余楚剧团和民间戏班平均每年演出则多达上万场次，观演的戏迷上百万人次计。在孝感楚剧展演活动的带动下，初步形成了覆盖全市城乡的戏曲文化服务网络。专业和业余剧团常年穿插互补式的展演，从供给侧不断满足城乡广大人民群众日益增长的文化需求。

（四）整合民间力量，优化社会资源

孝感市在保护、传承和创新楚剧文化过程中，一方面坚持从政府层面支持优秀传统文化的发掘和创新，另一方面充分汇聚民间力量，整合社会资源，大力发展本土特色文化。孝感楚剧展演以"政府投入，民间赞助"的创新模式，形成了活动开展长效稳定的财政保障机制，拓展了剧团的生存和发展空间，为剧团更好地开展公益性群众文化服务，保障基层群众的文化权益打下了坚实的基础。

从 2006 年首届孝感楚剧展演起，福星科技集团即以冠名的形式每年投入 30 万元赞助经费，为孝感楚剧展演的连续成功举办做出了重要贡献。2005 年，云梦县楚剧团率先与本地知名企业合作，挂牌中盐宏博艺术团，在企业雄厚资本的支持下，剧团创编出了《吊子卖鞋》《和稀泥参选》《云梦黄香》等优秀剧目参加楚剧展演，并在湖北省楚剧艺术节中获得了多个奖项，《吊子卖鞋》荣获 2007 年第二届孝感市楚剧艺术节中国小品小戏"中国戏剧奖"。全市其他各剧团纷纷引入社会资本，着力打造精干队伍、创编精彩剧本、推出精品节目，使楚剧得到空前繁荣和发展。

　　福星科技集团于 2001 年自发组建了福星楚剧团，以常年数百万元的投入扶持剧团进行招贤、创编、表演和推广，在历届孝感楚剧展演中屡获佳绩。2005 年，剧团四名演员荣获湖北省戏曲最高奖项"牡丹花奖"；新编大戏《人在福中》参加中国"映山红"民间戏剧节，一举夺得金奖和八项个人大奖；次年进京汇报演出，受到了中央领导、知名专家及首都各界观众的普遍赞扬；2012 年，由孝感市艺术创作研究所创作创编剧目《冬日荷花》由福星楚剧团搬上舞台参加第五届湖北省楚剧艺术节暨第七届孝感楚剧展演，其中包揽了优秀剧目、编剧、作曲、舞美等多个奖项。福星楚剧团被中央宣传部、文化部评为"全国服务农民、服务基层先进集体"。

　　近年来，随着孝感的老一辈的楚剧艺人渐渐淡出舞台，各个楚剧团都面临着人才青黄不接，后继乏人的困境。为此，孝感市政府每年投资、各文化部门筹资先后投入资金 200 万元，由孝感市体育艺术学校、孝感市艺术创作研究所率先开办了两届"楚剧新苗班"，分别从孝感各地和黄陂艺校招收 98 名学员，由各县市区编委给出编制，进行为期 3 年的专业楚剧表演培训，学员毕业后分配到各县市区剧团工作，为孝感楚剧展演注入了新的活力。2015 年由孝感市体育艺术学校、孝感市艺术创作研究所及孝感市群众艺术馆三家合办了戏曲演员"身段"培训班；2016 年戏曲打击乐培训班；2017年"旦"行演员培训班。自2012年起，孝感市财政每年投入专项经费用于楚剧资料的收集保护、整理研究和楚剧传统技艺的抢救传承，并明确指定由孝感市艺术创作研究所主要负责，协同湖北工程学院等高校和研究机构具体实施这项工作。在各方努力下，孝感本土楚剧名家的传承谱系脉络被逐一整理，《恩仇记》《送香茶》《百日缘》《打金枝》等楚剧古本和文献被整理改编后重新登上舞台，丰富了孝感楚剧展演的内容，对楚剧的传承做出了重大贡献。

三、当前传承楚剧文化面临的发展短板和创新道路

（一）敢于正视问题，牢固树立创新传承发展理念

任何一种艺术形式都应与时俱进，在传承中创新，在创新中发展，否则就会失去应有的生命力。当前，随着我国经济社会深刻变革、对外开放日益扩大、新兴文化表现多样、观众审美情趣日益提高，特别是互联网技术和新媒体的快速发展，各种思想文化交流交融交锋更加频繁，戏曲界普遍存在剧种和剧团面临着负担沉重，生存艰难；人才流失，后继乏人；剧种锐减，失传严重以及获奖剧目备受冷落等困境。楚剧的传承和发展也不例外。

楚剧是国家级非物质文化遗产，作为其重要发源地的孝感市，如何面对楚剧展演设施先天不足、创作表演人才匮乏、传承基础工作薄弱、策划支持项目力度不够等问题？怎样才能避免这

一艺术瑰宝遭遇市场化浪潮下的冷遇与尴尬？怎样才能远离发展低谷与困境？又怎样才能守住阵地、赢得观众，在异彩纷呈的艺术殿堂中占有一席之地？

这些在楚剧传承发展中已经存在的短板或可能出现的问题，必须认真加以分析和研判，坚持把创新、协调、绿色、开放、共享的发展理念融入其中；必须深化对中华优秀传统文化重要性的认识，进一步增强文化自信和文化自觉；必须深入挖掘"国家非遗"的价值内涵，进一步激发"百年楚剧"的生机与活力。

（二）大胆创新机制，着力构建楚剧传承发展体系

中共十八大以来，以习近平同志为核心的党中央在推进社会主义文化发展方面，形成了一套具有全局和长远指导意义的大智慧、大战略和大思路。中共中央办公厅、国务院办公厅《关于加快构建现代公共文化服务体系的意见》《关于实施中华优秀传统文化传承发展工程的意见》等一系列政策指南，为进一步加强文化建设指明了方向，提供了动力。当前和今后一段时期，迫切需要结合实际认真制定发展规划，加快完善配套政策，抓紧细化落地措施，着力构建优秀传统文化传承发展体系。

分析认为，根据孝感楚剧传承发展现状，需要重点制定和完善相应配套政策。一是抢救性保护政策。坚持"坚持保护为主、抢救第一、合理利用、加强管理"的方针，把一些知名楚剧表演艺术家的舞台艺术通过录像、录音精心记录保存起来，及时启动和推进楚剧文化挖掘和整理加工，编辑出版优秀传统剧目的剧本及相关资料。二是创新性发展政策。积极争取政府财政支持，建立楚剧传承发展基金，重视资助楚剧的剧目生产、演出补贴、人才培养及优秀剧目和优秀演员奖励等，力争推出一批底蕴深厚、涵育人心的楚剧精品。三是持续性人才政策。要将楚剧纳入艺术学校专业课程，组织编写介绍包括楚剧文化教材，普及楚剧知识，培养楚剧传承新秀；加强剧团与高校院所合作，开设楚剧科班和各种研修班，培养楚剧需要的演员、编剧、导演、作曲和理论研究人才。

与此同时，应加大重点剧目的投入，对重点艺术产品可以推行政府采购、项目招标的办法，激活楚剧演出市场；鼓励剧团面向农村、走向基层、对外交流；充分运用市场机制，切实加大改革力度，真正把楚剧作为一项文化产业加以发展。

（三）突出活态传承，大力推进楚剧产业融合发展

以精心打造"中华孝文化名城"和"中国楚剧艺术之乡"为契机，以高度的政治责任感和历史使命感把楚剧振兴发展纳入"十三五"规划，做好楚剧保护、传承、创新和发展工作。强化阵地意识、精品意识，发挥楚剧文化产业的带动作用。坚持继承和批判相结合，取其精华，弃其糟粕；坚持尊重艺术本体和艺术

发展规律相结合,紧跟时代,紧贴民众;坚持继承和创新相结合,锐意创新,活态传承。

综合运用报纸、书刊、电台、电视台、互联网站等各类载体,融通多媒体资源,统筹宣传、文化、文物等各方力量,创新楚剧表达方式,大力彰显楚剧文化魅力,进一步提高楚剧的社会影响力和民众参与度。重点培植楚剧文化主体,用中华优秀传统文化的精髓涵养企业精神,培育现代企业文化。广泛汇集社会力量振兴楚剧,发动和鼓励热爱楚剧的企业和企业家,参与剧团改革,激活经营机制;鼓励剧团与龙头企业、知名品牌联姻,发挥辐射效应,拉动文化消费,发酵文化能量,使企业的经济效益和楚剧的社会效益实现双赢共进。

搞好结合渗透。结合孝文化节、黄香文化节、孟宗文化节等节庆活动,精心策划楚剧振兴的支撑项目,把更多的楚剧表演节目搬上舞台,塑造具有孝感特色、辐射面广的大型文化节庆活动品牌。加强对外交流与合作,提升楚剧文化影响力,进一步拓展楚剧不断汲取艺术营养和充分发挥能量的空间。精心打造楚剧文化品牌。不断丰富楚剧文化的时代内涵,使楚剧文化成为孝感先进文化的重要组成部分,进一步促进对楚剧艺术的更好保护、传承与发展。

(此文被录入《文化大视野》全国群众文化、图书、博物论文集第十九卷)

对孝感孝文化底蕴探寻及创新研究

中华孝道文化经过上下五千年的历史沉淀，已成为中华民族尊奉推崇、繁衍生息、薪火相传、推动社会进步的优良传统与核心价值观。地处江汉平原北部，有着悠久历史文化渊源的孝感市，素称"董永故里"，是中国著名的"孝子之乡"，是中华孝文化的重要发祥地之一。近年来，孝感市深入发掘"孝道文化"资源，以公共文化为载体，自觉传承、弘扬孝道文化，推进孝感市社会主义核心价值观的落地生根。孝道文化的传承是一项社会的系统工程，有待进一步整合资源、创新方式、强化重点，让"孝道文化"融入人民生产生活之中，内化于心、外化于行，落小、落细，落实到人们的思想之中。

一、孝道文化的历史底蕴

（一）以孝得名由来已久。孝感以"孝"得名、"孝"名远扬，孝文化资源极其丰富。孝感人传承和弘扬孝道文化具有相当的文化自信，骨髓里有着孝文化的 DNA。中国"二十四孝"故事中的董永"卖身葬父"、黄香"扇枕温衾"、孟宗"哭竹生笋"三个经典孝道故事的发源地就在孝感。孝感地名是经过漫长的历史文化积淀，才逐步形成本地传统文化特色和社会进步主流。在秦代的南郡、汉代的荆州江夏郡、晋代的安陆郡所辖的这块土地上，南北朝时期的宋孝建元年（454 年），鉴于该地"孝子昌盛"之故设置"孝昌县"；后唐同光二年（924 年），庄宗李存勖因县名中的"昌"字犯了其祖父名讳，遂根据当地盛行孝子行孝的社会风气特点，改"孝昌县"为"孝感县"，此后孝感或郡或县或专署，成为地名固定下来，1993 年 6 月，孝感撤地建市，孝感市成为全国唯一以"孝"命名的地级市，所辖 7 个县（市、区）中的孝南区、孝昌县也是以"孝"命名的。孝感的"孝"字脉络分明，清晰可见。

（二）孝道文化的核心内涵。孝道文化是中华传统文化中的瑰宝，它有着悠久的历史。甲骨文中的"孝"是一个会意字，它的意思是小子搀扶着长着长长胡须的老人；中国第一部解释词义的著作《尔雅·释训》的定义是"善事父母为孝"；汉代贾谊在《新书》里界定为"子爱利亲谓之孝"；东汉许慎在《说文解字·老部》的解释："善事父母者，从老省、从子，子承老也"。

从这里我们可以看出，"孝"的古文字形与"善事父母"之义是吻合的，因而孝就是子女对父母的一种善行和美德，是家庭中晚辈在处理与长辈的关系时应该具有的道德品质和必须遵守的行为规范，其核心主张是敬老养老，同时倡导以孝修身、和谐家庭、报国敬业、凝聚社会。中华民族文化博大精深，源于诸子百家，尽管历代都有损益变化，但孝道的思想和传统始终统领着几千年中华民族文化的发展方向，兼收并蓄地同化无数外来文化。中华民族文化之所以经久不衰，成为古代世界文明延续至今的唯一的古文明，其根本原因也在于传承着孝道文化。

（三）孝道文化的倍增价值。建市以来，孝感市以建设"中华孝文化名城"为目标，大量汲取孝道文化的丰富营养，深入挖掘孝文化现代三价值，丰富载体推进孝文化实践，倾情打造孝文化城市名片，使孝道文化内涵与时俱进，孝行表现形式趋于社会认同，并催生磅礴激荡的精神力量，推动了社会主义核心价值观建设和孝感新跨越。这一切，主要得利益于深入挖掘和充分利用了孝道文化资源。

二、孝道文化的传承实践

（一）政府规划，有序推进。近年来，孝感市委、市政府以高度的文化自信重视孝文化建设，把建设"中华孝文化名城"作为一项战略目标，总体谋划，全面推进，通过不断增强文化建设

"软实力"助力孝感经济社会发展。2013年组织编制了《大力推进文化跨越、加快建设中华孝文化名城纲要》，从研究孝义、保护孝址、建设孝景、评选孝子、繁荣孝艺、拓展孝商、举办孝节、弘扬孝德等八条主要渠道着手，以孝文化项目为支撑，进一步明确目标和举措，致力把孝感打造成中华孝文化研究高地、传播实践基地、旅游胜地和老龄产业基地，获得了"中国孝文化之乡"和"中国十大最具幸福感城市"等称号。流传千古的孝文化，凝练成孝感的城市精神"至孝至诚，图强图新"，使孝文化进一步成为孝感引以为豪的品牌，为孝感成为富有文化气质的魅力城市积累了底蕴。

（二）文化引领，传承发展。孝感市委、市政府为进一步挖掘和提高孝文化的现代价值，坚持以社会主义核心价值观为引领，支持成立了"中华孝文化研究中心""湖北省孝文化研究会"等研究机构，去粗取精、继承创新，大力推进孝文化理论研究。先后成功举办了"孝文化与现代文明"、"孝文化与青少年思想道德建设"、国际亚细亚民俗学会第十五次学术大会等国内国际性孝文化研讨活动，取得丰硕学术成果。湖北工程学院在被确定为"国际亚细亚民俗学会研究基地"。近年来，孝感利用传统工艺研究和开发的《董永与七仙女》《百孝图》等剪纸产品，成为难得的旅游纪念品和馈赠珍品。综合历年研究成果，先后设立了中华孝文化研究课题 30 多个，出版了《中国孝文化概论》《中国孝文化与当代社会》《弘扬中华传统文化构建现代和谐社会》等专著40 多部，发表学术研究文章 200 余篇，为传承弘扬孝文化提供了理论指导和支撑。

（三）全民普及，落实落细。为进一步丰富载体推进孝文化实践，孝感市全面动员，全民参与，全力支持。一是深入开展宣传教育。大力倡导"小孝持家、中孝敬业、大孝爱国"理念，把"孝亲敬老"写入《市民公约》《村民公约》，积极推动孝文化进家庭、进村组、进社区、进学校、进机关、进企业；编印《中华孝文化通俗读本》作为孝感地方课程教材，广泛开展"孝心传递"书信感恩、"情暖重阳孝行周"等活动，让广大青少年从小就接受孝文化教育和熏陶。二是注重典型示范带动。连续举办 12届"中华孝文化旅游节"、8 届"十大孝子"和 5 届"十大孝亲敬老小天使"评选活动，全市先后涌现出谭之平、田强、周冲、严大平、吴和平、周小贺、涂红刚、蒋志刚等一大批在全国有影响的先进典型。三是大力支持养老事业。出台 60 岁以上老人免费乘坐公交车，80 岁以上老人享受高龄补贴等政策，切实保障老年人生活；投资 10 亿元建设"中华敬老园"，探索和实行"医养结合、公建民营、社区养老"等养老敬老服务新模式，被列为全国养老服务业试点城市。四是大力发展孝道文化艺术。自 2006 年开始连续举办了十届楚剧文化艺术展演，其中孝文化题材的剧目占60%以上，吸引观众总量累计超过350万人次；以楚剧、话剧、黄梅戏、皮影、善书、故事会等民间说唱表演和书法、剪纸、竹简、绘画、泥塑、刀刻等民间工艺等体现孝文化的表现形式多达20余种，被列入保护传承的项目32个；以摄影、微电影、文艺晚会、新闻报道、"互联网+"等表现形式的现代传媒，进一步催生了孝文化产业，有力推动了全市经济社会发展。

三、孝道文化的创新研究

（一）在孝文化发展方向上做到"三个必须"。在老龄社会现象逐渐凸现的条件下，作为拥有一系列"孝文化之最"光环的孝感市，需要以一种高度的政治敏锐性和历史责任感，进一步精心构建符合时代要求的孝道文化新理念，坚持做到"三个必须"：一是必须坚持继承和批判相结合，吸取精华，扬弃糟粕；二是必须坚持道德建设和法制建设相结合，培育人们的道德意识和法制意识；三是必须坚持继承和创新相结合，根据时代要求与时俱进，给"孝"注入了新的时代内涵，即"小孝为父母，大孝为人民；移小孝为大孝，替天下儿女尽孝心"。通过不断丰富孝文化的时代内涵，采取演进、进化、改造、重建，使新孝文化成为孝感先进文化的重要组成部分。

（二）在孝文化传承方式上开展"三个创新"。一是创作更多文艺精品。进一步加强孝文化人才队伍建设，充分发挥孝感市文艺创作中心功能作用，积极推行文艺家签约创作制，鼓励和支持文艺工作者潜心开展重大题材或重点项目创作。通过建立创作基地、实行文艺人才"引进来、走出去"交流机制、落实"假期福利"激励和"上挂下派"锻炼等途径，推动文艺工作者深入实践，激发创作热情。设立孝感市槐荫文艺奖，促进文化艺术创作，多出精品力作。二是创新文化管理体制。巩固和深化文化市场综合执法改革，推进文化、广播影视等部门行政管理职能整合；发展壮大高端文化人才队伍，不断改善基层文化人才队伍结构，人才培养、使用、激励机制更加科学，人才聚集优势逐步显现。三是创新融合推动方式。大力促进孝文化与教育、科技、旅游等产业的融合发展，延伸孝文化产业链，提高文化附加值；加强"董永传说"等非遗项目的活态传承；大力开展孝德、孝廉文化活动，建立一批孝德、孝廉文化教育实践基地；充分整合孝文化节、黄香文化节、孟宗文化节等节庆活动，提升城市爱心指数和老年人幸福指数。

（三）在孝文化产业发展上突出"三个重点"。文化是民族的精神支持，是民心的重要支撑，是民生的强力支点。当前和今后一段时期，孝感在孝文化产业发展上应突出"三个重点"：一是重点培植孝文化主体，发展骨干企业。应积极鼓励各类资本创办以孝文化为主打产品的文化企业，促进各类文化企业以资本为纽带，进行跨媒体、跨地区、跨行业、跨所有制的兼并、重组、联合。抢抓"三网融合"发展机遇，扩大文艺院团改革成果。在已经组建的孝感日报报业传媒集团的基础上，组建起孝感广电传媒集团和孝感演艺集团，通过扶持三大集团做大做强，成为孝感文化市场的"领头羊"。二是精心打造孝文化品牌，发挥辐射效应。充分发掘孝文化丰厚底蕴，着力打造一批具有地方特色的文化精品，推出一批具有持久竞争力的文化品牌、服务品牌、企业品牌、城市品牌。三是全面拉动孝文化消费，发酵文化能量。把更多的孝文化产品植入书报刊、电子音像制品、演出娱乐、影视剧、工艺品、互联网等文化产品主战场，让孝文化产品逐步占领资本、产权、人才、信息、技术等文化要素市场前沿阵地；吸引优质科教文化资源要素，打造孝文化创意产业的孵化器、转化器和加速器，使孝文化创意产业成为孝感经济发展新的增长点。通过文化产业与经济实力的不断提升，进一步促进对孝文化艺术的更好保护、传承与发展。

（此文发表于 2019 年湖南《群论》）

孝道与楚剧的文化精髓和艺术土壤

——略论根植于基层群众性孝文化活动中的
孝感楚剧展演本质

　　孝感市，地处江汉平原北部，有着悠久历史文化渊。自南北朝时期宋孝建元年建县至今有 1500 多年的历史，它是中国著名的"孝子之乡"，是中华孝文化的发祥地之一。孝感以"孝"得名、以"孝"传名，孝文化资源极其丰富，中华"二十四孝"故事中的董永"卖身葬父"、黄香"扇枕温衾"、孟宗"哭竹生笋"三个经典故事的发源地就在孝感。它是汉孝子董永行孝感天，传说中仙女下凡的地方，素称"董永故里"。

　　孝感，也是楚剧的重要发源地。楚剧起源于清朝道光年间，最初由黄梅县一带的采茶山歌演变而来，受当时的清戏影响，采用了去跷作平地演唱，形成了表演故事的打锣腔，并进一步逐渐形成了后来所谓"黄陂腔、孝感调"的黄孝花鼓戏。经过不断地发展，1926 年，黄孝花鼓改称楚剧，并开始在武汉站稳脚跟，继而成为湖北省的主要地方剧种之一。新中国成立后，楚剧得到了空前的繁荣和发展，2006 年被列入第一批国家级非物质文化遗产名录。近年来，孝感市各县市区先后成立了自己的专业楚剧团。现如今已拥有专业楚剧团 7 个，其中包括国办楚剧团 5 个，汉川市福星楚剧团企业办团、孝昌县楚剧团是民营办团。目前，这 5 个国办楚剧团在财政的差额补贴政策下都积极发挥着基层公共文化服务的作用。在他们的努力下，近年来各县市区楚剧团不断发展壮大，创编了一批诸如《云梦黄香》《民选村官》《可怜天下父母心》《董孝子新传》等优秀的楚剧作品。曾多次在省内、国内获得了大奖，丰富了群众的精神文化生活，深受湖北民众的喜爱。

一、楚剧展演的历史渊源嬗变

楚剧在孝感当地有着深厚的艺术土壤，距今已有 160 多年的历史。在百余年楚剧的传承过程中，从孝感走出了诸如陈哈子、谈脚云、胡桂香、章炳炎、关啸彬等众多楚剧表演名家。楚剧以简短的节奏、强烈的戏剧冲突演绎本土文化，尤其注重刻画日常生活中的琐事，突出反映家庭伦理道德和社会现实问题，深受各界群众的喜爱。值得一提的是，1990 年，湖北省首届楚剧艺术节在孝感隆重举行。孝感地区行署、政府非常重视此次盛会。要求所有县市区均派团参加，通过参演都取得了可喜的优秀成绩。2000 年孝感又成功举办了湖北省第二届楚剧艺术节。为了更好地弘扬楚剧这一非物质文化遗产，并以此为依托，更好地推动孝感的公共文化服务体系建设工作，2006 年 9 月中旬，由中共孝感市委宣传部、孝感市文化体育局主办的首届孝感楚剧展演正式开始。至此，这场由市政府主办、社会各界纷纷广泛参与、广大国民老百姓们翘首企盼喜闻乐见的公共文化大盛宴正式拉开了序幕。自 2006 年以来，孝感连续成功举办了十一届楚剧文化艺术展演，其中孝文化题材的剧目颇多，吸引观众总量累计超过了 370 万人次。"每年一展演、三年一盛节"的盛况，楚剧展演已成为孝感人民的文化艺术盛宴，楚剧文化已经成为孝感人传承弘扬孝道文化的重要演绎形式，使孝感楚剧更有价值有深远意义地让孝感人世世代代、祖祖辈辈继续传承下去。

二、孝感人传承楚剧文化展演的目的和导向所表现的文化自信和使命担当

　　孝感人骨子里有着孝道文化传统的 DNA，传承和弘扬孝道文化、楚剧等非物质文化遗产具有相当的文化自信和使命担当。楚剧是孝感地地道道土生土长的剧种，它产于孝感特定的文化生态和文化时态之中，它和孝感人民的生活有机地在一起结合，更作为优秀传统文化表现形式的楚剧着实是一种更值得传承,可以被激活的"活态文化",其艺术生命价值更具有划时代的深远意义。

（一）公共服务，统筹城乡——以有效缓解群众看戏难为目的

广泛性和社会性是孝感楚剧展演常年开展的基础。孝感楚剧展演有着良好的活动环境载体和运营主体。近年来，孝感市委、市政府将精心打造"中国楚剧艺术之乡"列入城市发展战略，孝感市楚剧展演创建国家公共文化服务体系示范项目并专门成立孝感楚剧保护传承中心，纳入政府公益事业编制和全额财政预算。孝感市委、市政府通过财政专项投入、政策扶持等手段全力支持楚剧展演，市财政承担了每年楚剧展演的主要开支，并对专业和业余的楚剧表演剧团均给予了相应的政策扶持。剧团创编出了楚剧小戏《三个媳妇》《吊子卖鞋》《孝子情》《槐荫谣》《可怜天下父母心》《和稀泥参选》《云梦黄香》等一大批创新剧目和优秀演职人员在市、省乃至全国获奖。其中，小戏《桑园曲》《大姑爷坐席》优秀剧目获全国一等奖；更让人激动不已、鼓舞人心的大戏《虎将军》《中原突围》进京演出，分别荣获首届"国家文华奖"、中宣部"五个一工程奖"；《吊子卖鞋》荣获2007年中国小品小戏"中国戏剧奖"。在2006年首届孝感市"福星杯"楚剧艺术节展演评奖中《人在福中》剧目荣获特别奖；《云梦黄香》

荣获剧目金奖；《张知县送亲》《巧团圆》获剧目银奖；《我们的家乡汉川美》《花季风》《卖子孝父》《折子戏专场》喜获剧目铜奖等一大批孝文化创新剧目在省内获奖。此外还设置了"最受群众喜爱的剧目"奖项，由现场和场外的观众投票决定得奖归属，极大地激发了群众的参与热情。

1. 展演内容丰富，辐射范围广阔

自 2006 年起至 2016 年，孝感市已经成功举办了 11 届楚剧展演。每年一届的楚剧展演获得了社会各界的广泛关注和认同。自首届举办起，孝感市委宣传部、孝感市文化体育新闻出版广电局主办，由孝感市艺术创作研究所承办及我馆参加，在每年金秋九月重阳节前后正式拉开序幕的楚剧展演模式就被正式确立和延续下来。孝感楚剧展演激发了群众极高的参与热情。

楚剧展演举办期间，其主要举办场地设在孝感市内，并每年选定一个县作为基层分会场进行同步展演。孝感市政府礼堂作为竞赛场地以隔日一场戏的形式演出大戏和新编创作戏，孝感市人民广场则作为展演主场地以每日一场戏的形式进行演出；同时，基层分会场的展演同样以每日一场戏的形式进行演出。这种集中展演的活动方式在全孝感以点带面、全面展开，有效扩展了展演的辐射范围，为群众享受均等化的公共精神文化服务提供了有力保障。

2. 群众基础深厚，社会带动性强

据统计，自 2006 年活动举办伊始，展演期间的观众就超过了
10 万人次。在后续的活动举办过程中，观众量呈现出逐年递增的
趋势。2009 年第四届湖北省楚剧艺术节与第四届孝感楚剧展演合
办期间，观众总量达到了 13 万人次；2010 年第五届孝感楚剧展
演期间，观众总量超过了 15 万人次；2012 年，第七届孝感楚剧
展演，观众总量已突破了 18 万人次；2013 年第八届孝感楚剧展
演期间，观众总量又超过了 22 万人次；2014 年第九届孝感楚剧
展演，观众总量已突破了 25 万人次；2015 年第六届湖北省楚剧
艺术节与第十届孝感楚剧展演合办期间，观众总量再次突破了 30
万人次；至 2016 年第十一届孝感楚剧展演，观众人数总量继续攀
升到 50 万人次。

孝感楚剧展演为地方特色的群众文化活动注入了活力。2012
年第七届孝感楚剧展演期间，活动组委会组织了"楚腔楚韵颂和
谐，楚剧名家进社区"的演出，湖北省著名楚剧表演艺术家走进
孝南区中山社区与楚剧票友互动，同台联袂演出，为广大戏迷奉
献了一台丰盛的楚剧艺术大餐。同时，在基层的汉川剧院，一场
场精彩的表演让不大的场馆每天座无虚席，观众中有带着小孩的
老人、正在热恋的青年男女、从十多里地之外赶来的中年夫妻，
孝感群众对楚剧的痴迷已达到了一种令人感叹的程度。每年一度

的楚剧展演显然已成为了当地群众的重要节日。

在楚剧展演的影响和带动下，楚剧演出活动常年广泛地在孝感城乡周边开展起来。活跃在城市的民间楚剧表演戏班几乎全年不间断地进行着演出，而在农村，每逢重大节日以及家庭红白喜事，楚剧表演更是成为了其中不可或缺的"重头戏"。

3. 从业队伍健全，服务效果显著

在政府的大力支持下，现如今，在孝感拥有专业楚剧团7个，其中，5个国办楚剧团，1个汉川市福星科技集团楚剧团企业办团，1个孝昌县楚剧团国家给政策民营办团。除专业班底外，遍及孝感城乡的业余楚剧团和楚剧戏班也蓬勃发展起来，在孝感民间，业余楚剧团现有20多个，此外，以楚剧为当家节目的民间乐班则多达327个。全孝感的专业和业余楚剧演员现已达到2万多人。据不完全统计，孝感的专业楚剧团平均每年演出达2000余场，业余楚剧团和民间戏班平均每年演出则多达上万场。而今，在每年孝感楚剧展演期间和展演之外的日常演出活动中，前来观演的戏迷已达数百万人次。

在孝感楚剧展演活动的常年开展下，孝感地区已经建立起一支比较健全的群众戏曲文化服务队伍，初步形成了覆盖城乡的戏曲文化服务网络。专业剧团和业余剧团常年穿插互补式的展演，不断供给着孝感群众最强烈的公共文化服务需求，有效地缓解了群众看戏难的问题。

（二）重视非遗保护，推进活态传承——以广泛提升群众认同感为导向

1. 以推动非遗保护为核心价值提升活动内涵

楚剧是孝感土生土长、地地道道的剧种，它产于孝感特定的文化生态和文化时态之中，它更与孝感人民的日常生活充分有机地结合在一起，街心公园、后湖公园无处不在，时时处处根植于广大老百姓人民群众文化活动当中。孝感楚剧发展前景更甚于国民的物质文化生活层面，提升社会精神文化生活息息相关。而作为传统文化表现形式的楚剧，则是一种仍在传承可以激活的"活态文化"。

2006 年，楚剧被列入首批国家级非物质文化遗产名录；2011年，孝感市通过楚剧发源地论证，成功申报为省级和国家级的民间艺术之乡；2013 年，孝感楚剧展演获得第二批国家公共文化服务体系示范项目创建资格，给这一国家级非物质文化遗产创造了新的生态环境；2014 年，"孝感楚剧（传统戏剧）"入选国家级非物质文化遗产代表性项目名录扩展项目名录。孝感楚剧展演的宗旨是为了让广大人民群众更充分的参与到活动中来，历届孝感楚剧展演都坚持以群众为中心的楚剧创作和表演原则，科学地设置了剧目、演出、编剧、作曲、伴奏和传承贡献等奖项。另外还

特别设置了"最受群众喜爱的剧目"奖项，让现场及场外的观众投票决定得奖归属，由此极大地激发和调动了广大群众广泛的参与热情。孝感民众通过广泛投身于楚剧文化，观看楚剧展演活动，既提升了自身对地方特色戏曲文化传承的认同感，也有力促进了非物质文化遗产保护和活态传承工作在当地的顺利开展，大量优秀剧目相继产生。

孝感楚剧展演所倡导的宗旨是为广大群众提供高质量、均等化的公共文化服务，并在此基础上传承发扬地方戏曲艺术。因此，它的开展必须紧密地与群众的精神文化需求和物质文化资源自身产业的发掘与提升联系起来。并将非物质文化遗产的保护与孝感楚剧展演活动相结合于一体，丰盛有效地提升了楚剧展演活动的文化内涵。

2. 以群众广泛参与为核心导向推进文化传承

非物质文化遗产的传承和保护，依赖于深厚的群众文化土壤。为了让群众更充分地参与到活动中来，历届孝感楚剧展演都设置了剧目、演出、编剧、作曲、伴奏和传承贡献等奖项，由专家团体和现场观众共同来评定奖项。此外，还设置了"最受群众喜爱的剧目"奖项，由现场和场外的观众投票决定得奖归属。这种评奖方式极大地增加了群众参与活动的热情，也为始终坚持以群众为中心的传统楚剧创作原则大大地提供了导向。

由此，广大老百姓通过亲身参与历届楚剧展演活动，从而提升了自身对地方特色戏曲文化传承的认同感。更进一步激发了群众参与活动的热情，也从侧面促进了非物质文化遗产保护和文化传承工作在我们当地的顺利开展。

三、当前传承孝感楚剧文化所面临的发展短板和创新性与带动性

孝感楚剧展演不但离不开广大群众的热情，更离不开政府和社会各界的广泛参与和支持。孝感市委、市政府已经将每年一度的楚剧展演作为当地公共文化服务体系建设的一大重要课题，并以此为契机积极推进孝感市楚剧展演创建国家公共文化服务体系示范项目，探索出适合发展当地城镇化进程中公共文化服务体系建设的创新模式。

（一）政府组织，各方协调——运营机制充分发挥公共服务性

自2006年首届孝感楚剧展演举办以来，孝感市委、市政府一直对活动的开展给予了高度的重视。为了让活动期间的各项工作有条不紊地进行，市委、市政府在历届活动前都会组织电力、公安、武警、交警、消防、城管、卫生、气象、行管局等相关部门的主要领导召开工作协调会议，就楚剧展演活动期间安全保卫、演出保障、交通疏导、食品卫生、医疗救护、场地使用等具体工作进行详细分工，将责任分解细化到专人。此外，市委、市政府还组织活动期间各参演剧团召开站前会，就各剧团演出场地、时间安排等方面的工作听取参演剧团的意见，最大限度地为各参演剧团提供后勤保障。甚至在历届楚剧展演的宣传上，孝感市文化体育新闻出版局在开展每次活动之前都精心组织报纸、电视、网络等官方媒体精心制作专题、专刊，大力宣传孝感楚剧，以此作为孝感特色亮点，广泛宣扬孝感楚剧的相关知识及介绍活动筹备进展。市委、市政府明确要求在活动期间，各大媒体均要对活动的演出过程和进展进行了详细的现场报道，目的是让广大民众好放心看戏，很大充分地让老百姓极大限度的享受城镇化进程中公共文化服务所带来的便利。打造精品、树立品牌、巩固阵地、服务社会，为创新传承发展孝感市楚剧文化并发展成为孝感市经久不衰的一个文化品牌。

（二）政府主导，民间赞助——财政机制充分发挥长效稳定性

1. 长效稳定投入，完善政策设施

在孝感楚剧展演的投入方面，孝感市每年由地方财政投入不少于 50 万元的专项资金用于楚剧展演。为了提高楚剧展演活动的水平，孝感市每年还拿出 10 万元用于全市各专业剧团中青年骨干演员的培训，并设立地方戏保护专项经费。同时，孝感各级

财政对楚剧精品剧目也进行了专项资金扶植，例如，孝南区财政于 2009 年投入 41.3 万元的专项资金用于第四届孝感楚剧展演参演剧目《孝子情》的创编，2012 年又投入专项资金 100 万元用于第七届孝感楚剧展演的参演剧目《槐荫谣》的创编。

从 2009 年第四届湖北省楚剧艺术节和第四届孝感楚剧展演合办开始，"节演合办"活动也受到了湖北省财政的大力支持，自 2009 年起，湖北省财政每三年划拨不低于 20 万元的专项经费用于支持孝感楚剧展演的开展。此外，省财政自 2012 年起，每年还专门划拨了送戏下乡补贴，以支持常年在孝感开展的城乡楚剧表演群众文化活动。这些投入为孝感楚剧展演的长期繁荣起到了推波助澜的作用。政府对楚剧发展相关的硬件设施建设、研究保护和日常开展的群众文化活动也投入了极大的支持。2009 年，孝南区政府拨款 500 万元，建造一座 850 平方米的剧场，完善了楚剧演出的活动场馆。自 2012 年起，孝感市财政将楚剧研究保护和发展经费正式列入专项财政预算，并对城市广场社区、街心公园和送文化下乡公益演出的楚剧深入到基层群众性文化活动，给予了相应的政策鼓励和不定期不定额的补助。

2. 重点扶持基层，突出活态传承，大力推进楚剧产业融合发展

2012 年，孝南区委宣传部、区文联积极组织了"一县一品"

文化品牌创建工作的申报。在申报过程中，为有效整合和盘活楚剧文化资源，相关文化部门多次组织多个专业、业余剧团进行楚剧乡间巡回演出。2012 年，孝南区财政又拨专款 3 万元用于演出舞台车维修等费用，以保障巡回演出的良性循环。

在财政的差额补贴政策下，都积极发挥着基层公共文化服务的作用。在他们的努力下，近年来创编了一批诸如《云梦黄香》《民选村官》《可怜天下父母心》《董孝子新传》等优秀的楚剧作品，丰富了群众的精神文化生活。

3. 大胆创新机制，优化社会资源，着力构建楚剧传承发展体系

自 2006 年首届孝感楚剧展演起，福星科技集团即以独家冠名的形式每年投入 30 万元赞助活动的开展，为孝感楚剧展演的连续成功举办做出了重要贡献。社会资金注入也有效保障了剧团的生存和发展。2005 年，云梦县楚剧团挂牌中盐宏博艺术团，在中盐宏博集团的大力支持下，云梦楚剧团创编出了《吊子卖鞋》《和稀泥参选》《云梦黄香》等优秀剧目参加楚剧展演，并在湖北省楚剧艺术节中获得了多个奖项，《吊子卖鞋》更是在 2007 年第二届"福星杯"孝感市楚剧展演荣获中国小品小戏"中国戏剧奖"。

福星科技集团则于 2001 年自发组建了福星科技集团楚剧团

（简称"福星楚剧团"），以每年数百万元的投入扶持剧团进行剧目的创编、表演和推广。福星楚剧团在历届孝感楚剧展演中屡获佳绩，通过历次参与活动，剧团的专业水平得到了极大的提升。2005 年，福星楚剧团的 4 名演员荣获湖北省戏曲最高奖——"牡丹花奖"。同年，福星楚剧团的新编大戏《人在福中》参加了中国"映山红"民间戏剧节，并一举荣获了"金奖"和八大个人奖项；2006 年，《人在福中》又作为中国"映山红"民间戏剧节优秀剧目赴北京汇报演出，受到了中央领导、知名专家及首都各界观众的普遍赞扬，并于同年 11 月代表湖北省参加在张家港举办的"中国长江流域文化艺术节"，被《张家港日报》评为"最受观众欢迎的剧目"。2012 年，福星剧团投入 70 余万元打造由孝感市艺术创作研究所创编剧目《冬日荷花》由福星楚剧团搬上舞台参加第五届湖北省楚剧艺术节暨第七届孝感楚剧展演取得了巨大的成功，包揽了优秀剧目、编剧、作曲、舞美等多个奖项，受到了专家和现场群众的一致好评。以此优秀的剧目创造了剧团超高的人气和辉煌，也极大提升了剧团开展基层群众文化服务的水准。福星楚剧团于 2005 年被中央宣传部、文化部评为"全国服务农民、服务基层先进集体"，中央电视台先后多次在《戏剧采风》栏目中对剧团进行了介绍和宣传。因而孝感楚剧展演以官方投入、民间赞助的创新模式形成了活动开展长效稳定的财政保障机制，为更好地开展公益性群众文化服务，保障基层群众的文化权益打下了坚实的基础。

（三）节演合办，优化对接——组织机制充分发挥灵活创新性

2009 年，第四届孝感楚剧展演筹办期间，恰逢湖北省文化厅将第四届湖北省楚剧艺术节的举办地点也设在孝感。孝感市委、市政府、市委宣传部和孝感市文化体育新闻出版局召开专项工作会议，决定将第四届湖北省楚剧艺术节和第四届孝感楚剧展演合并举办，将湖北省内所有参演的专业楚剧表演艺术团体都纳入到展演中，同场竞技的同时互相学习交流，带给群众一场楚剧的盛宴。自此，孝感市开始了每三年一次"节演合办"的楚剧展演新模式。

2012 年，第五届湖北省楚剧艺术节与第七届孝感市楚剧展演在孝感合并举办。此次节演合办活动紧密结合孝感市明确提出的以弘扬优秀传统文化为主要内容的"建设孝文化名城"的城市文化发展战略，积极推进"楚剧之乡"建设，并将把楚剧打造成为地方最具活力、最有影响的城市文化名片作为活动开展的目的。经孝感市文化体育新闻出版局报告申请，湖北省文化厅同意将湖北省楚剧艺术节的永久举办地点设置在孝感，由此形成了"每年一展演，三年一盛节"的活动定式。

节演合办活动由湖北省文化厅和孝感市委市政府牵头主办，孝感市委宣传部和孝感市文化体育新闻出版局承办，无论从水平上还是规模上，都有了飞跃式的提升，活动的影响力也随之扩大。活动始终秉承扎根群众，为群众服务的举办理念，有效提升了活动的举办水平，同时也激发了每年孝感楚剧展演的活力，使得楚剧表演常年广泛地在孝感的城乡活跃起来，成为城市公共文化服务体系建设的一大亮点。

（四）培训研究，传承服务——培养机制充分发挥科学带动性

1. 开办"楚剧新苗班"

为了有效发掘和拓展民间楚剧文化资源，保持楚剧展演的举办水平和长久传承，2009 年孝感市文化体育新闻出版局在孝感市体育艺术学校投入资金 120 万元由孝感市体育艺术学校联合孝感市艺术创作研究所开办了第一届"楚剧新苗班"，从孝感各地招收 9 至 14 岁的学员 50 名，由各县市区编委给出编制，进行为期 3 年的专业楚剧表演培训，学员毕业后分配到各县市区剧团工作。随后，孝感楚剧团又从黄陂艺校招收了 48 名楚剧学员，以充实人才队伍建设。2012 年，孝感市在市体育艺术学校由孝感市体育艺术学校联合孝感市艺术创作研究所、孝感市群众艺术馆共同开办第二届"楚剧新苗班"，以长效保证楚剧在孝感传承和发展的

活力。而好的剧本是楚剧表演成功的最关键要素之一，编剧培养同样也是楚剧表演人才队伍建设中的重要环节。因此，2009年在孝感市文化体育新闻出版局和孝感市文联的联合组织下，由市财政投入专项资金在全市范围内征集好的剧本，并从中挖掘出具有天赋的作者，并开办编剧专业培训班对他们进行专业培训。

"楚剧新苗班"的开办和"编剧专业培训班"的开展，不仅有效地弥补了各个剧团后继无人的状况，更加极大地促进了楚剧表演艺术的传承和发展。同时，它也为孝感楚剧展演注入了新的活力，保持并进一步激发了广大群众对楚剧展演活动的热情参与，切实保障了孝感楚剧展演作为一项构建公共文化服务体系工作推进政府长效运行机制能够充分长期地传承下去繁荣开展。

2. 开展楚剧相关研究

除了人才的断层外，楚剧作为国家级非物质文化遗产保护项目，还面临着珍贵资料流失和表演传统技艺失传、保护传承和发展等问题。为了解决这些问题2012年起，孝感市财政每年投入专项经费用于楚剧资料的收集保护、整理研究和楚剧传统技艺的抢救传承，并明确指定由孝感市艺术创作研究所主要负责，协同湖北工程学院等高校和研究机构具体实施这项工作。通过楚剧展演的举办，各楚剧团与相关楚剧研究机构加强了联系和交流。在多方的配合下，胡桂香、关啸彬、章炳炎、陈哈子、谈脚云等孝感本土楚剧名家的传承谱系脉络被逐一整理。另一方面，在各方的共同努力下，《恩仇记》《送香茶》《百日缘》《打金枝》等楚剧的古本和文献被整理和改编后，重新登上展演舞台。不但丰富了孝感楚剧展演的内容，同时也提升了孝感楚剧展演的文化内涵，对提升群众对楚剧的关注和认识起到了推动作用。

综上所述，孝感楚剧展演是一项由政府组织，以楚剧演出为服务形式，向群众免费开放的公益性文化活动。它致力于为广大群众提供均等文化服务，以保障群众的基本文化权益，满足群众日益增长的精神文化需求。孝感楚剧展演将本地的楚剧展演与湖北省艺术节的举办相融合，有效地提升了活动举办的平台，扩大了活动的辐射范围，具有独特的创新性；它着眼于落实孝感的文化惠民工程建设，进而推动公共文化服务体系建设的进程，符合国家对公共文化服务体系建设工作的要求，具有明显的导向性；它以政府主导，社会赞助的形式举办，降低了地方财政对公共文化服务投入的成本，同时拓展了社会参与度，并形成了长效的活动组织和人才培养机制，具有先进的科学性。

四、突出活态传承，大力推进孝感楚剧产业的融合发展

通过 11 届楚剧展演的成功举办，楚剧在孝感得到了普及和推广。伴随着影响力的不断提升，楚剧展演举办的水平也越来越高。在 2012 年第七届孝感楚剧展演期间，湖北全省 16 个专业楚剧院团有 15 个参演，参演演职人员达到 600 余人，创历届活动演出阵容之最；参演剧目多达 46 个，同样创下了新的纪录；同时，2012 年孝感楚剧展演是历届活动中参演的年轻演员最多的一届，演员的平均年龄仅 30 多岁，而在 23 岁以下的年轻演员则占到了参演总人数的 80% 以上；活动举办水平的提升激发了群众更广泛的参与热情，18 场演出共接待了城乡观众 18 万余人次；在新剧创作上，2012 年孝感楚剧展演参演的 6 台大戏全部都是新创剧目，为繁荣戏曲艺术打下了良好的基础。同样，在编剧、导演、作曲、舞美设计、舞台伴奏等方面，第七届孝感楚剧展演同样都向观众展现了前所未有的高水准。

孝感楚剧展演开展十一年以来，受到了湖北省委省政府、湖北省文化厅、孝感市委市政府的高度重视，受到了孝感群众的欢迎和认同，同时也受到了社会各界的关注与支持。它的开展以楚剧这一极具地域特色的传统文化遗产为载体，坚持以人民群众为中心创作导向，涌现了一大批反映群众日常生活和文化记忆的高质量艺术作品，丰富了群众的精神文化生活。

孝感楚剧展演的本质是统筹城乡，根植基层的群众性文化活动。它紧密地与我国的文化建设战略内容相呼应，更是实施孝感建设"孝文化名城、楚剧之乡"城市发展战略的重要举措。它的目标是打造群众的文化盛宴，推动孝感的文化惠民工程建设，进而推进和完善孝感的公共文化服务体系建设，并借此扩大楚剧艺术的影响力，更好地传承和弘扬楚剧艺术。要以实施孝感市委、市政府关于精心打造"中华孝文化名城"和"中国楚剧艺术之乡"城市发展战略为契机，以高度的政治责任感和历史使命感把楚剧振兴发展纳入"十三五"规划，做好楚剧保护、传承、创新和发展工作。坚持尊重艺术本体和艺术发展规律相结合，紧跟时代，紧贴民众，锐意创新，活态传承。

（此文为笔者结合本市申报"2014年国家非物质文化遗产项目扩展名录——楚剧展演"而形成的调研报告，当年该项目扩展名录正式入列）

对乡村公共文化助推乡村振兴的路径探析

摘　要: 党的十九届五中全会对全面加强文化强国建设和推进乡村振兴战略同时作出了部署。提升公共文化服务水平,是文化强国建设的三大重点任务之一;发展乡村公共文化,是乡村振兴战略重要目标之一。这两项顶层设计,都是为乡村建设量身定制的。研究认为,实现乡村公共文化全面提升与乡村振兴战略全面推进,是当前和今后相当长一段时期重要的政治任务和具体实践。本文着重从加强乡村公共文化建设助推乡村振兴的角度进行分析和研究。

关键词: 公共文化;助推;乡村振兴;路径;探析

党的十九届五中全会对文化强国、乡村振兴两大战略均作出顶层擘画,并纳入"十四五"时期经济社会发展主要目标进行部署。全会首度明确了建设文化强国的时间表，划出了包括提升公共文化服务水平在内的三大重点任务路线图；全会同时提出了实现巩固拓展脱贫攻坚成果与乡村振兴有效衔接的要求。由此可见，建设文化强国和推进乡村振兴都是"十四五"时期重大发展战略任务。因此，研究和解决如何通过完善乡村公共文化服务体系建设以能够可持续地助力乡村振兴，在全面推进乡村振兴的同时带动文化建设高质量发展，显得尤为重要和急迫。

一、加强乡村公共文化服务体系建设的重要意义

（一）大力发展乡村文化是建设文化强国的重要内容

中国特色社会主义文化最主要、最鲜明的特征是先进性。它之所以先进，是因为能够始终与所处时代的生产力发展新要求同步，与滚滚向前的历史潮流和趋势同向，把人民群众对健康向上的精神文化生活无限向往作为努力和服务的方向，因此它同时也具有人民性、时代性、民族性。建设文化强国是关乎方向、关乎根本、关乎全局的战略设计，其重要方向及重点内容就包括重视和发展乡村文化。近年来，随着我国农业基础的不断巩固、农村社会的不断进步、农民素质的不断提高，人民群众的精神文化生活需求呈现多元化、高增长态势，乡村公共文化服务体系建设所承担的历史使命也日益凸显。文化强国的应有之义，强就强在全覆盖、强在高质量，强在乡村文化这一软实力也必须硬起来。

（二）大力发展乡村文化是坚定文化自信的内在要求

我国农村人口约占总人口数的 42%，尽管近年来城镇化的步伐不断加快，但公共文化服务体系建设的"城乡一体化"局面远未形成，乡村文化建设依然存在着诸多薄弱环节。加强乡村文化建设既是协调推进"四个全面"战略布局、统筹推进"五个一体"整体发展的政治要求，也是社会发展和农村进步的迫切需要。特别是随着网络时代的迅猛发展、文化产品的多式多样、智能手机的不断普及，大量"短、平、快"以及"新、奇、杂"的"网络快餐"出现，吸引广大农民群体越来越多的关注并参与其中，需要从政策和政府两个层面积极引导。因此，必须把广大农村作为前沿阵地和突破方向，通过强化方向意识、阵地意识，大力发展以弘扬优秀传统文化为主要内容的乡村文化事业，让农民在提高物质和精神生活质量中不断增强获得感，从而更加坚定文化自信，在振兴乡村进程中更好地发挥主观能动性。

（三）大力发展乡村文化是助推乡村振兴的有效途径

文化强国建设和乡村振兴战略既是"十四五"时期经济社会发展的重要指标，也有对未来十五年的远景规划。乡村振兴主要包括政治、经济、精神、社会、生态"五个文明建设"内容，其中就有精神文明所涵盖的乡村文化建设。乡村文化建设与乡村振兴战略，是互为前提、互为支撑、互促互进的辩证关系。乡村振兴需要物质和精神的有机统一，需要通过大力发展乡村文化育新机、布新局，以能够可持续地为农村人口从精神和精力层面提供动力、在素质和物质层面提供扶持。实践证明，高质量的乡村文化建设，是实现巩固脱贫攻坚胜利成果、防止返贫的精神硬支撑，也是衡量乡村振兴战略的终端成效的重要软实力，无疑也是实施乡村振兴战略的重要推手和有效途径。

二、乡村公共文化服务体系建设存在的短板及成因

（一）保障措施时有"断供"现象

通过对本辖区 120 个村及新建社区公共文化服务站点建设情况调查分析来看，政府层面或上级主管部门供给的非常有限，不少供给短板急需补齐。其中，只有 11 个获得过市级以上"美丽乡村"荣誉的村文化设施硬件条件较好；22%的村除了依托党员群众服务中心布置了公共文化活动场地以外，几乎没有添置过文化设施；37%的村图书室近三年来没有经过更新，报纸杂志特别是能够指导农业生产、发家致富的工具书时效性实用性不强；53 个村的公共文化服务设施是在近五年脱贫攻坚期间受到对口扶贫单位不同程度的援助，在相对集中的地点进行场地平整扩容、修建文化走廊、添置健身器材。所调查的 14 个在新型城镇化进程中建立的社区，一次性配套的公共文化服务设施质量相对较好，

但随着人口增加而显得文体器材数量不足,而且在管理和维修上缺少保障措施,群众的参与感、认同感和获得感明显不足。反映问题的共性就是普遍缺乏必要的经费和物资保障,最根本的还是政策保障难以到位,管理和服务机制不畅。

(二)传统文化陷入"断篇"窘境

每个地方都有自身独特的传统文化渊源,有其根和魂。乡村也不例外,即便是新型城镇,也有大多数人留有传统文化的记忆和情感。调查结果显示,乡村传统文化尤其是优秀的传统文化,普遍存在着创新性传承难、创造性转化难的问题。比如,孝感市是楚剧文化的重要发祥地,无论城市还是乡村,群众对楚剧的热爱和传统剧目的熟悉程度是相当高的,几乎人人都能哼几句经典唱词、讲几段传统故事。但近几年楚剧的传承也面临两难境地,除了每三年一度的省市楚剧文化"节演合办"、每年一届的全市楚剧艺术节、集中开展的送剧下乡等活动,在乡村特别是相对偏远山村的群众,几乎很难看到一场"解馋"的楚剧大戏了。曾经活跃在民间的舞龙、舞狮、采莲船、秧歌舞、皮影戏等传统文化表现形式,每逢春节及大型社会庆祝活动,必定是一盘"待客大餐",但近年来因为缺少扶持和传承也就逐渐退出了表演舞台。

(三)专业人才出现"断茬"问题

文化专业人才不仅在城市一才难求,在乡村更是凤毛麟角。

县级文化馆、乡镇文化站是直接服务乡村公共文化的公益平台，但两级馆站自身也面临人才"饥渴"。受"进人"渠道所限而导致人员编制紧缺、专干不专、青黄不接，年轻化、专业化人才基本处于"招不进、用不起、留不住"的状态。在回答当前急需专业人才问卷中，对剧本创作及文字撰稿类人才需求最多，占42%；现代舞蹈编导类的占31%、活动策划及组织类的占22%、新媒体及数字文化制作类的占19%。基于这一现状，对乡村文化的指导和服务质量也自然大打折扣。而在不少乡村，"老手艺"即便尚有精力传承却没人能够接手，有些传统手艺随着人的离世也相应失传了；年轻人大多去了城市甚至远方打拼，"新形式"就是有表现欲望却没有时间展示。目前，大多数乡村的公共文化服务工作，主要集中在少数年轻"村干"和大学生村官身上，要有效解决文化人才缺乏的问题尚需时日。

（四）文化产业急需"断档"产品

所谓"断档"的概念，主要是指某种紧俏商品在市场上基本脱销或某种物品用完后续供应不上，也通常被借指在某一领域或某一年龄段的人才严重缺乏。新形势下，诸多文化的创新性传承和创造性转化需要文化产业支撑，而文化产业需要衍生顺应时代发展潮流的、符合大众审美情趣的、能够产生经济效应的文化产品，即便是公益性文化产品，也需要一定的物质基础作支撑，也是与经济效益难以脱钩的。发展乡村公共文化面临的另一个最大"堵点",往往是服务对象比较分散、开展活动难以组织,加之农村发展、人口收入、文化认识等方面的差异,造成个性化需求与文化产品供给之间出现错位和矛盾。当前,只有少部分乡村能够借助开展红色旅游、田园采摘等农旅融合项目分享到文化红利;部分临近城区的乡村能够参加"我要上村晚""村晚达人秀"等活动;大多数群众只能通过电视、智能手机认识外面的世界;一些观念和行为"新潮"的自发玩"抖音"、跳广场舞。由于乡村文化很多时候处于空白地带,导致一些低劣媚俗"文艺表演"形式一度借农村举办婚丧嫁娶的机会乘虚而入,大肆敛财。归根结底,还是乡村缺乏能够占领阵地的优秀文化产品。

三、对乡村公共文化与乡村振兴互促互进的对策建议

(一) 不断强化"主动占领"的阵地意识

文化是有内涵的,文化的展示也是需要受众的。乡村作为一个个庞大的文化急需群体、文化受众方阵,必须靠先进的文化主动"占领"。而"占领阵地"是需要用实力说话的,这个实力体现在党政机构层面必须坚持"二为、双百、两创"的方针,即坚持为人民服务、为社会主义服务;坚持百花齐放、百家争鸣;坚持创造性转化、创新性发展。要针对乡村文化资源禀赋和差异化发展现状,把先进性、人民性挺在前面,把好关、定好向搞好顶层设计,有重

点、有步骤加强政策投入，出主意、想办法引进社会投入，多宣传、多鼓动地争取群众参与，把方方面面的积极性创造性凝聚到公共文化事业上来，转化成为乡村振兴的坚强力量。

（二）深入开展"无缝对接"的精细服务

文化是乡村振兴中的重要一环，需要牢固树立"一盘棋"的观念。上级职能部门要工作重心下移、权力下放、钱物下拨、身子下沉。发展条件好的乡村要继续做好"上档次"的服务，基础条件差的乡村要侧重做好"补短板"的工作。要认真学习借鉴脱贫攻坚战取得的成功经验做法，在发展条件相对落后的乡村开展"文化精准扶贫"服务，集中攻克"老大难"问题。要建立健全计划、保障、培训、使用、管理等服务机制，防止和克服"为文化而文化""重投入轻管理""多形式少内容"的偏向。上级对基层的指导、干部对群众的引导、专业人才对业务骨干的培养、管理人员对群众的服务等等，要形成一套完整的规范化、常态化、精细化"闭合环"服务机制，落实到助推乡村振兴全过程。

（三）着力强化"自我造血"的保障功能

大力发展乡村公共文化建设，固然离不开政策的投入，结合时代特色"输氧"，针对薄弱环节"加焊"，缓解基层所急"授鱼"，但更主要的是要做好"授渔"的文章，想方设法提高乡村文化"自我造血"功能。一要及时输送新鲜血液，有行家可带路、有模式可参照；二要积极挖掘本土人才，能够接地气地形成辐射作用；三要发动群众参与积极性，让群众在参与活动和管理中增强获得感，当好主人翁，建设美丽新家园；四要建立健全激励机制，让积极性催生出乡村振兴的创造性和持续性。

（四）积极拓宽"资源共享"的快捷通道

要充分认识并发挥大数据技术特有的资源广泛、传播高速、辐射面广、影响面大等特点，着力推进公共数字文化建设，不断提高公共数据分析能力、加工效率和应用效果，为文化建设及至乡村振兴所有重要环节的决策提供精准、有效的数据支持。要善于引进借鉴，一切优秀文化活动成果和经验做法，无论世界的、民族的、外面的，只要合法都可以借鉴变成"自己的"，变成本地群众可以共享的文化资源。要广泛交流互鉴，乡村文化既需要特色化建设，也可以大众化发展，方式上可走出去、请进来，让文化活起来、亮起来；要发挥好文化柔性引进功能，以达到文化服务较低成本、高效运转的效果；要建好数字文化平台，让乡村文化动态有展示的空间、交流的平台、互鉴的成果。

（五）充分发挥"以文化人"的塑造效应

要充分认识到文化对人的价值所产生的"四大塑造"功能，即坚定文化自信、提升人文素养、提高文明素质和促进身心健康，以此作为打通乡村文化服务的"最后一公里"的主要任务。要跳出"为文化而建设"的固有思维，不妨把文化真正建成"样板工程"作为政绩观，但不能把文化建成"面子工程"作为出发点。在实施乡村振兴战略这盘"大棋"中，从一开始就把对群众价值观的塑造与形成规范的社会制度、乡规民约、传统习俗结合起来抓，让群众在收获"乐"的同时自觉"约"，在潜移默化中不断提高自我约束的能力，提高文化素养和劳动技能，从而积极投身推进乡村振兴、建设美丽家园的实际行动之中。

结束语：尽管乡村文化建设面临许多困难和不足，但可喜的是随着乡村振兴战略的实施，文化建设占有很重要的位置，一些发展短板也必将逐一补齐，甚至统一加长、加固。乡村文化建设是一项系统而长期的公益性事业，既不能安于现状，也不能急功近利。在实施乡村振兴战略中，必须结合实际，量体裁衣，坚持用发展的眼光、创新的理念、有效的措施，动员全社会广泛、长期而有效的参与，以期实现乡村振兴共建共治、共赢共享。

（此稿为省、市群众艺术馆推荐参加 2021 年度中国文化馆年会征文）

乡村振兴须补齐公共文化建设短板

摘　要：党的十九届五中全会对推进文化强国建设和乡村振兴战略均作出了重大战略部署。群众文化事业作为乡村振兴的重要组成部分，面临着时代赋予的新课题、新要求、新挑战，发展其服务体系建设必须积极主动作为，勇于改革创新，特别是要补齐发展短板，把新思路、新任务、新举措融入"十四五"规划之中，高起点、高质量的统筹推进，以更好地适应乡村建设新常态新变化。

关键词：乡村振兴；公共文化；短板；对策

党的十九届五中全会对全面加强文化强国建设和全面推进乡村振兴战略作出了部署，明确了提升公共文化服务水平是文化强国建设的三大重点任务之一，而发展乡村公共文化是乡村振兴战略重要目标之一，这两项战略性顶层设计，都是当前和今后一个时期需要在基层具体落实的重要工作。最近，通过对 20 个发展基础各异的乡镇、街道办事处的文化站，20 个新建社区、100 个村的文化服务网点布局及建设使用情况分析来看，乡村公共服务体系建设中的不少发展短板亟待补齐，必须直面新矛盾、厘清新思路、明确新任务、拿出新举措，以更高起点、更高质量把乡村文化与政治、经济、社会、生态等建设统筹推进。

一、当前乡村公共文化服务体系建设存在的发展短板

（一）**乡村文化基础设施建设力度总体偏小。**普遍存在场地受限、设施陈旧、服务粗放等问题。17% 的调查对象反映很少享受到文化场馆（点）提供的服务，乡村公共文化的存在感和人民群众的体验感普遍不强；34% 的村没有建立基本的经费保障、基层的动态反馈等机制；半数以上的村（社区）对动员社会力量参与公共文化建设认识不足，还停留在"等、靠、要"的惯性层面，对挖潜引智从而形成乡村公共文化多元化投入大格局等方面缺乏应有的重视和可行性措施。

（二）**现有文化设施大多未能合理开发利用。**调查显示，反映乡村文化设施数量非常有限的占 55%；反映管理人员不足和开放时间固化的占 41%；反映设施缺乏日常管理维护经费，导致设施不能最大化利用的占 44%；普遍反映因对本地特色文化挖掘开发不够、现有文化设施过于集中不便于分散居住群众参与活动，导致积极性不高、获得感不强，从很大程度上局限了文化设施功能作用的高效发挥。

（三）**群众文化活动质量水平普遍有待提高**。总体感到，离城镇较近的社区和村、一些发展基础较好的村，群众文化活动能够搭上城乡一体化发展的便车，活动开展比较经常、质量也有所保障。即便如此，群众文化活动的形式和内容也比较单一，屡见不鲜的往往是广场舞、大合唱等粗放型的节目。大多数乡村尤其是离城区相对较远的乡村，能够享受到文化下乡"精神大餐"的机会很少，还不能更好满足群众对文化生活的新期待和新要求。

（四）**乡村公共文化服务平台网络亟待健全**。调查发现，目前市、县两级数字化场馆建设比较滞后，有的县馆甚至没有自己的网站，文化动态及相关服务跟不上；市县文化场馆、乡镇文化站与村（社区）文化服务点和群众之间还没有构成现代文化馆网络体系；乡村文化发展缺乏学习、指导、互鉴、展示的现代化平台，普遍存在对现有资源的整合、新兴模式的互鉴、文化成果的共享不够平衡等不足。

（五）**发展乡村文化普遍存在人才断茬现象**。普遍反映，由于乡村没有文化专干，当前带动和传承的重任主要集中在"三类人"身上：一是"老人"，即老人手，诸如能够说唱、舞狮舞龙、打鼓敲锣等掌握一些传统技能却日渐老龄化的骨干；二是"能人"，即思想比较解放、拥有一定经济能力、乐于组织开展活动的热心人；三是"新人"，主要是少数退伍返乡、回乡创业青年和大学生村官等年轻人。老艺人想传承却无人可传，有能人想召集却无人可聚，年轻人想表现却无钱可用。久而久之，就形成了一个文化专业人才匮乏、保障供给缺血、文化产品断档的现象。

二、分析乡村公共文化建设存在问题的主要原因

（一）**组织力量比较薄弱。**综合分析认为，随着近年来经济社会的快速发展，尤其是随着城镇化进程的日益加快，社会主义新农村建设普遍发生了很大的变化，大量农民涌向城镇，不少村的"两委"班子队伍本身就不够健全，组织领导力量更是不足。公共文化建设"硬件"不硬、"软件"偏软，面对群众日益增长的精神文化生活需求，却无配套的措施去满足，有些村长期没有组织开展群众性文化活动。

（二）**发展差异比较明显。**城乡之间、村村之间，发展差异客观存在。而乡村文化建设发展水平往往是由于资源禀赋、人口收入、集体经济、领导力量、思想观念、文化认识等差异化因素决定的。加之公共文化体系建设的资源分配面临点多、线长、面广，村（社区）一时难以普遍共享。而乡村文化建设作为一个"软指标"，让村（社区）也很难取得建设上的突破，因此也很容易被边缘化，造成个性化需求与文化产品供给之间出现错位和矛盾。

（三）经费保障比较困难。从很大程度上讲，文化这块"板"的长度取决于经济基础。近年来，不少乡村在精准脱贫攻坚过程中整体建设水平得到全面提升，其中公共文化服务体系建设也得到相应的补充和完善，受援力度大、发展条件好的乡村，其文化建设变化明显。但由于乡村文化整体上缺乏政策和制度层面支持，因此经费可持续保障的问题仍然突出，群众需要的文化人才和文化产品也难以得到满足。

三、对加强乡村公共文化服务体系建设的对策建议

（一）充分认识乡村文化建设的重要意义。要充分认识到，大力发展乡村公共文化服务体系建设，是建设文化强国的重要内容，是坚定文化自信的内在要求，是助推乡村振兴的有效途径，也是实现高质量发展的重要支点。实施乡村振兴战略，必须正视当前包括文化建设在内的乡村整体建设所面临各种困难和不足，切实强化文化自信和阵地意识，坚持用发展的眼光、创新的理念、有效的措施、持续的行动，动员全社会广泛、长期而有效的参与，让乡村振兴带动文化建设，用文化建设助力乡村振兴。

（二）切实加强乡村文化建设整体规划。乡村文化建设作为建设文化强国最基层、最末梢，甚至是最薄弱的一部分，在落实党中央从战略层面提出的文化建设三大目标任务时间表中，必须与实施乡村振兴战略一道规划，真正把文化从"边缘地带"转向"中心位置"扎实建设。要着力从乡村文化的发展方向、指导思想、政策路径，到目标任务、硬性要求、刚性措施，包括发掘文化资源和引进辅助性社会资本等方面，都要有可引领、可操作、可持续的规划路线图，以便在具体建设过程中能够结合实际、按照节点稳步推进。

（三）加快构建公共文化城乡一体化发展模式。乡村文化建设由于诸多原因而发展不足，突出体现在乡村不能与城镇同等享受公共文化资源。结合当前实际，推进乡村文化建设的责任主体和主要推手应突出县一级政府及文化部门，不能把目标和责任让乡村独自承担。要进一步整合和利用好县域公共文化资源，实现城镇一体化的政策、供给、服务模式；强化乡镇文化站协调职能，建立供需对接的咨询平台；落实村级文化供给重点，促进文化供给良性循环，让乡村群众与城镇居民享受同等公共文化服务。

（四）建立便于乡村群众广泛参与的网络服务平台。当前，智能手机、平板电脑等移动设备的"乡村用户"非常广泛，刷抖音、做美篇、自建微信公众号等网络娱乐活动也越来越丰富，有的借机做成了自家农特产品带货代言、本地农旅资源信息推介、身边文化活动成果分享的有效载体，有的凭借网络平台脱贫致富。因此，应从整合和利用好网络平台的角度出发，帮助乡村建立公共文化微信公众平台，建立符合本地实际的数字文化资源共享平台，让群众在喜闻乐见中广泛参与文化活动，及时分享文化成果。

（五）有针对性地培育乡村文化骨干和文化产品。结合乡村振兴战略的实施，有针对性地"输血"与"造血"相结合，培育能够进得来、留得住、用得好的乡村文化骨干，逐步扶持和发展各具特色的文艺"小能人"，进而创作出群众引以为傲、能够"待客"、外出交流的文化大餐和亮丽名片。上级服务部门要及时把文化工作导向传递给社会大众，鼓励群众广泛参与，让优秀的文化基因得到传承。既要让文化的力量在乡村振兴中发挥好作用，更要把乡村振兴的成果体现在对文化建设的带动上。通过政策培育人才、通过人才创造产品，让大众共享高质量文化服务过程中不断增强获得感。

结语：发展乡村公共文化服务体系建设是一项系统而长期的工程，"软实力"中有"硬任务"，既不能徘徊观望、等靠依赖，也不能贪大求全、急于求成。必须坚持用发展的眼光、创新的理念、有效的措施、持续的行动，并广泛动员全社会长期而有效地参与，以加快实现乡村文化建设与乡村振兴战略共治共建、共享共进。

（此文为国家核心期刊《文化月刊》2021年第11期约稿）

浅谈新形势下传统曲艺的保护、传承与发展

——以首批国家级非物质文化遗产名录汉川善书为例

摘　要：中国传统曲艺作为最具民族特征和民间色彩的表演艺术，是中华民族几千年文明史的智慧结晶、文化瑰宝和活态传承。历史进入新的时代，随着多元思想的激烈碰撞、多样文化的相互交融，特别是在互联互通网络时代快速发展的背景下，包括汉川善书在内的诸多传统曲艺传承、保护与发展会遇到各种难题，需要紧跟时代发展步伐，找准价值定位，探寻发展规律，厚植文化土壤，创造创新成果，让艺术之花绽放耀眼的时代光彩。

关键词：新时代；民间曲艺；保护；传承；发展

习近平总书记高度重视中华优秀传统文化，并将其作为治国

理政的重要思想文化资源。他反复强调指出，中华优秀传统文化是中华民族的突出优势，中华民族伟大复兴需要以中华文化发展繁荣为条件，必须结合新的时代条件传承和弘扬好中华优秀传统文化[1]。包括汉川善书在内的中国曲艺，是中华民族几千年文明史的活态传承，是凝聚着劳动人民智慧的文化瑰宝。新形势下，加强对优秀民间曲艺的保护、传承与发展，是关系到如何高质量涵养、赓续中华民族艺术的"根"和"魂"的一项重要而紧迫时代课题。

一、结合历史背景审视，让优秀传统曲艺找准社会价值定位

（一）中华文化历史背景。中华民族经过五千多年的连绵不断发展，最根本的精神基因中包含着博大精深的中华文化[1]。中华文化往复循环并激情涌动着中华民族最深沉的精神追求，所积淀和凝练而成的诸多优秀传统文化代表着中华民族独特的精神图腾，是中华民族生生不息的丰厚滋养和发展壮大的优势资源[2]。尽管很多曲艺内容和形式在过去相当长一段时间内，或多或少地存在着一些历史的局限性，但可以肯定的是，这些传统文化的发源和发展普遍发挥着四大文化功能：一是群众娱乐功能，能够从很大程度上满足当时民众的精神文化需求；二是教育引导功能，通过曲目表演积极倡导良好社会风气，为加强道德建设、推动社会进步起到积极引领作用；三是情感释放功能，可以结合现实生活和虚拟情景，传递信息和沟通心灵，为缓解当时的各种社会矛盾和伦理困惑等方面作出积极尝试；四是沟通对话功能，曲艺的表现形式多种多样，为治国、理政、育人等方面提供一定的导向激励和精神支撑。在这一厚重的历史文化土壤中，以汉川善书等为代表的中国曲艺适应历史潮流纷纷应运而生，并随着所处时代环境兼收并蓄，不断融入丰富的哲学思想、人文精神、教化理论、道德理念等，为人类文明史作出了重大贡献。

（二）**善书曲艺发展脉络**。善书，俗称宣讲善书，其主旨是劝世向善、劝人行善。经过历史长河的岁月洗礼和文化积淀，善书逐渐从宗教性质的"说善书"嬗变并逐步本地化，成为我国民间文学范畴的一个重要组成部分。根据从四川天日镇古墓出土的"说书俑"解析结果来看，善书起源和萌芽可追溯到两汉时期[3]。到了诗风盛行的唐代，开始出现了说唱并茂的表现形式，在节奏上与散韵同步的"骈文"和"俗讲"。宋、元乃至以后一段时期，这种说唱文学的种类日益丰富起来，受众面的不断扩大。到明代逐步上升到国家层面进行推广，从明永乐年间就启动了"钦颂善书，印行天下"的宣传教育模式。到了清代，善书由案头文学发展成讲唱文学；从道光年间开始，善书从官家宣讲"圣谕要义"的单一模式中脱离开来，民间开始以至诚至孝、和睦家庭、友善邻里、救难救急等"十全大善"为主要内容，通过说唱善书的曲艺形式广为传播；到清末及民国时期，全国善书曲艺逐步出现南盛北衰的局面，唯在湖北盛极一时，至今这一曲种在汉川市等少数地区得以传承[3]。

（三）汉川善书形成过程。据资料记载，善书真正以曲艺形式出现的时间在清乾隆年间，至今已有 260 多年的历史[4]。因艺人常用"未开言来，泪流满面"的台词开场，故被当地民间戏称为"未开言"。这一曲艺形式曾盛行于湖北全境，一度流行于湖南大部及上海、四川、重庆、河南等地区。中华人民共和国成立以后，南方善书的影响力也开始逐渐减弱，仅在湖北武汉、孝感、黄陂、汉川、云梦、安陆、天门、潜江、沔阳（现更名为仙桃）等十余地县有一定市场，最终只有汉川市和仙桃市的善书艺人继承并发展了这一曲种，形成了善书曲艺的两大流派。由于汉川市的善书艺人所呈现的曲目具有主旨正派、说词雅致、唱腔优美、故事完整、情节感人的鲜明艺术特点和表演风格而广受欢迎，所以也就形成了以汉川艺人为代表传承的"汉川善书"，并与黄陂花鼓、阳逻高跷并称荆楚曲艺文化的"湖北三盛"[4]。

二、站在艺术角度审美，为优秀传统曲艺探索总结发展规律

（一）具有丰富的艺术源泉。优秀传统文化是有"根"和"魂"的，滋养艺术的最大源泉来自与人民群众息息相关的衣食住行等方方面面。其创作题材往往是对社会生活的生动写照，包括当时社会发展的主流方向、人们对道德伦理的时代需求和对美好生活的无限向往。曲艺作为民族传统文化有形而活态的存在，是一种对文化基因的认同、存续、传播与发展过程。汉川善书艺人来自民间、曲目取材于民间、说唱表演活跃在民间，是由老百姓自编自导、自演自看、自娱自乐、自创自传的"草根艺术"活动，因此也有着广泛而深厚的群众基础。汉川善书紧紧围绕"劝人为善，劝世普善"的艺术主旨，一方面较好地满足了人民群众的精神文化生活需求，另一方面通过积极传播价值观念，崇尚和善、践行孝善、追求真善，为引导人们端正社会价值取向、树立文明道德风尚营造了良好的舆论氛围。历史进入新的时代，汉川善书通过与时俱进和良性传承，在构建公共文化服务体系建设中依然承担着重要的角色，特别是在加强政治文明、精神文明、物质文明、法治文明建设中，具有更多鲜活的曲目题材，也能更好地发挥宣传、鼓舞、引导作用。

（二）具有鲜明的艺术特征。曲艺的文化特征是其生存的"命脉"，其中具有很多规律可以探寻和提炼[4]。总结发现，汉川善书具有相对独特的表演艺术特征。一是说唱结合的表演手段。"说"的台词简练精辟、押韵合律、朗朗上口、便于记忆，往往靠说者"一股劲"、听者"警人心"；"唱"的腔调优美动听、叙事抒情、唱段分明、紧扣人心。十字句式，一韵到底，舒缓适度，节奏鲜明。唱腔曲调分大小宣腔、梭罗腔、怒斥腔、哀思腔、丫腔等，原为"徒歌"形式，后来经过改革融入了丝弦伴奏等现代元素。二是短小精干的演员阵容。汉川善书最初是"一人一台戏"，一人、一桌、一扇、一醒木就能说唱整台戏。后来发展到三四人或多人同台表演，而且每人都承担多个角色，按照舞台分工，"主案"重在说讲，"宣词"（又称"答词"）有说有唱，演员少而精，表演简便易行[4]。三是很接地气的表演内容。所表演的曲目除了观众喜闻乐见、耳熟能详的经典传统剧本，更多的是善书演员结合身边大量的题材创作而成的，加上演员练就的过硬说功、唱功、做功和模仿功夫，表演出来也非常容易引起观众共鸣。

（三）具有较高的艺术价值。在我国整个的文艺发展史上，曲艺占有非常重要的位置。汉川善书作为百花竞放曲艺苑中的一枝奇葩，以其独特的艺术特征也体现出了其存在的艺术价值，甚至在国际上也有一定的影响。2002 年和 2004 年，日本资深学者何部泰记两次专程到汉川实地考察，回国后出版了汉川善书研究专著。2006 年国务院公布的第一批国家级非物质文化遗产名录，所列第 269 项就是湖北"汉川善书"。汉川善书艺人徐忠德用毕生心血创作《珍珠塔》《三子不认娘》《杨乃武与小白菜》等经典善书剧本 100 余篇，经他参与改编的善书剧本达 500 多篇，

2008 年被授予第一批国家级非物质文化遗产"汉川善书"的传承人。统计结果显示，汉川善书曲目现存优秀名篇有传统曲目《蜜蜂记》《生死牌》《猛回头》《四下河南》等，创新曲目有《飞鸽案》《双团圆》等 300 多篇，其中经常宣讲的上百篇，从事创作和宣讲的艺人 300 多人[4]。近年来，汉川市非遗保护领导小组经过积极努力，集成中外专家学者对善书研究的理论成果，正式出版了 25 万余字的《汉川善书》（第一部），第二部编撰工作基本完成[4]。汉川善书经过多年的发展，已成为汉川当地乃至周边地区群众不可或缺的特色文化大餐，更是发展公共文化事业的宝贵艺术资源。

三、根据时代要求审鉴，给优秀传统曲艺厚植创新繁荣沃土

（一）坚持"双百"方针，让传统曲艺在创新中得到保护。中国共产党历来坚持以科学态度对待传统文化，既是中华优秀传统文化的忠实传承者和弘扬者，又是中国先进文化的积极倡导者和发展者[5]。1956 年 5 月 2 日，毛泽东同志在最高国务会议上提出的"百花齐放，百家争鸣"的"双百"方针，成为我党的一个基本性、长期性的方针，对发展我国经济、科学特别是社会主义文化事业具有重大意义。在"双百"方针的指引下，包括汉川善书在内的诸多传统艺术得到了空前的发展[6]。然而，任何艺术的发展本就没有止境。有些艺术形式或因一味守旧，或因"门户之见"，缺少必须的讨论和交流而与市场脱节，"放不开""鸣不响"，慢慢萎缩。汉川善书被列入国家非遗保护目录、也委以了传承人，一方面说明国家对非遗文化的重视，同时又从很大程度上证明了这一传统曲种发展形势不容乐观。尽管汉川善书曲目现存有 300 余篇优秀曲目，也有 300 多人从事传承工作，但这一地方化的曲种传播力和影响力毕竟有限，到更大市场"亮相"和与同行业相互切磋的机会也不多。同时，由于现有艺人队伍中绝大多数人已经迈入中老年龄行列，有的相继离世，年轻人"不愿学""不会做"的现象比较普遍，青年艺人断档，一些传统剧目流失严重。特别是随着新时代文化传播方式更加现代化、多样化、便捷化的情况下，一些传统曲艺的存在自然而然受到冲击和考验，因此更需要通过不断创新，积蓄"放"的"能量"，练就"鸣"的"底气"。

（二）把牢"二为"方向，让传统曲艺在创新中更好传承。改革开放以后，党中央根据新的历史形势和任务，对文艺工作的总方向进行了及时调整并作出了明确规定。1980 年 7 月 26 日的《人民日报》社论向人们传达了"文艺为人民服务、为社会主义服务"的精神，后通常简称为"二为"方向[6]。追溯所有传统文化的根源我们不难发现，大多发源于封建时代。传统之所以为"传统"，既有优秀基因得以赓续的一面，也有抱残守缺思维的痕迹。比如，善书大量传统剧目主要倡导的善孝忠义等，最终无一不与"忠君"和"爱国"联系在一起，成了为统治阶段"治权"服务的工具，历史上的善书"宣讲圣谕"就是一个典型的例证。在新的历史时期和文化语境中，汉川善书需要以创新的思维、创新的眼光，寻找创新的路径。具体讲，一是要坚持以"二为"方向为生存根本，以科学的眼光看待和发展传统艺术；二是要牢固树立艺术是群众的艺术的理念，把从人民群众中吸取智慧和营养反哺给人民群众；三是坚持把社会主义核心价值观所涵盖的内容作为曲艺创作和表演的主旋律，让群众在优秀传统文化艺术盛宴享受中受到启迪，不断夯实文化自信之基。

（三）贯彻"两创"方略，让传统曲艺在创新中健康发展。习近平总书记强调，要"推动中华优秀传统文化创造性转化、创新性发展"，使之与现实文化相融相通，共同服务以文化人的时代任务[7]。"两创"方略与文化"双百"方针、"二为"方向一脉相随，融会贯通，是我们党关于文化建设理论的重大创新，是为推动社会主义文化繁荣兴盛提供的重要遵循，对结合新的时代条件传承和弘扬好中华优秀传统文化、建设社会主义文化强国具有历史里程碑意义。新的时代，汉川善书在贯彻落实"两创"方略过程中，必须重点着墨"三篇文章"。一要着重把握"三条原则"：即尊重传统、古为今用、推陈出新，通过为传统曲目赋予新意、改造形式、增补充实、拓宽延展、规范完善，取其精华，去其糟粕，贴近时代，锐意创新，不断开辟并尝试新的发展路径。二要满足"三个需要"：即要根据社会主义民主政治建设的需要、社会综合治理的需要和市场经济发展的需要，使曲艺的创造创新在与之相协调相适应中实现当代价值。三要做到"三个结合"：一是示范引领与推广普及相结合，以现有的优秀骨干队伍为"酵母"，引领行业内整个曲艺队伍，从而进一步推广的普及曲艺艺术；二是资源整合与品牌共享相结合，打破各门各派的"门户壁垒"，合力抱团发展，共同打造品牌，以实现人才、场地、信息、资料等各方面的资源共享；三是"互联网+曲艺"相结合，建立和依托数字文化馆平台、微信公众号等新的传播渠道，摸索线下创新创造，线上宣传推广和艺术互动方式，进一步扩大社会受众面和曲艺影响力。同时，要充分发挥群众的力量，将汉川善书的传承与乡村振兴、脱贫攻坚、文化产业等相结合，将艺术作品转化为艺术产品，实现增收致富与传承发展的互利共赢。

（此文获 2019 年中国文化馆年会征文优秀奖）

【参考文献】

[1]《习近平谈治国理政》，外文出版社［A］.2014 年版第

164 页

[2]《习近平总书记系列重要讲话读本》（解读），关于建设社会主义文化强国［N］.人民日报，2016 年 05 月 05 日 09 版

[3]周心慧.《中国古代劝善书汇编》，文物出版社［M］.2018 年 01 月

[4]李同平.浅谈荆楚文化"汉川善书"［DB］.2017 年 11 月 12 日

[5]潘鲁生.工艺匠心［N］，人民日报.2016 年 06 月 12 日 12 版

[6]石羚.由思想价值向度试论曲艺所包含的中华优秀传统文化［J］.曲艺，2016

新时代文化馆体系结构性改革探析

摘　要：历史进入新时代，如果说经济是城市发展的硬实力，那么文化就是城市腾飞的软实力，城市公共文化服务是衡量一个城市发展水平与竞争实力的重要参数。文化馆体系作为基层公共文化的主阵地，如何从供给侧角度进行结构性改革？需要正视并补齐哪些发展短板？怎样才能更好地解决人民日益增长的精神文化生活需要与公共文化资源不平衡不充分发展之间的矛盾？本文着重从文化馆社会功能定位、当前存在的主要矛盾和问题及对策建议等方面作以探讨。

关键词：新时代；文化馆改革；公共服务

党的十九大提出，要推动文化事业和文化产业发展；满足人民过上美好生活的新期待，必须提供丰富的精神食粮；完善公共文化服务体系，深入实施文化惠民工程，丰富群众性文化活动。因此，坚持从供给侧的新思维和新视角推进对文化馆体系建设的结构性改革，能够有效保障广大人民群众的基本文化权益，催生更高起点和更高质量的文化市场体系和公共文化服务体系。

一、从供给侧视角为新时代文化馆的社会功能精准定位

（一）准确把握新时代文化馆的基本性质

增进民生福祉是发展的根本目的，而文化发展的根本目的就是要提高人民素养、影响大众审美、引导文化需求。文化不同于经济的地方在于，文化产品除了具有商品经济属性，还有意识形态属性和公共品属性，因此文化供给侧结构性改革就不是简单去库存、补短板的问题。从这个意义上讲，文化馆的社会属性就是由政府设立并引导，向辖区人民群众提供公共文化产品和公共文化服务的公益性文化事业机构，是党和政府开展宣传教育的阵地、是实施公共文化服务的龙头，是传承民族民间文化和普及艺术教育的学校、是开展文艺活动和对外文化交流的中心、是推进文艺创作和公共文化理论研究的基地。

（二）更加明确新时代文化馆的社会职责

开展社会教育，提高群众文化素质，促进当地精神文明建设；组织开展丰富多彩、群众喜闻乐见的文化艺术活动；举办各类展览、讲座、培训等，普及科学文化知识，指导群众文艺团队建设，辅导培训群众文艺骨干；收集、整理、研究非物质文化遗产，开展非物质文化遗产的普查、展示、宣传、传习活动；开展数字文化信息服务；指导基层文化馆、文化站、社区文化中心工作，开展配送文化资源和文化服务；指导本地区孝道文化、老年文化、青年文化、少儿文化、校园文化、企业文化、军旅文化、社会文化工作；开展对外民间文化交流；组织指导群众文艺创作，开展群众文化工作理论研究等。

（三）科学设置新时代文化馆的主要功能

主要有宣传教育、公共服务、文化保护、娱乐休闲四大功能：积极宣传党和国家的路线方针政策，包括在基层组织开展宣传教育、文明建设、文体活动、法制宣传、科学普及、远程教育、党团工会妇女民兵以及老年人活动等服务活动；面向大众提供公共文化产品和公共文化服务，特别是政府转变职能，管办分离、政事分开、政企分开、文教结合、文体结合后，各级文化馆的工作任务日益繁重，已成为国家公共文化服务体系建设中的龙头，承担着公共文化服务的主要职责，发挥着组织、引领、示范、服务的核心作用；随着近年来我国民族民间民俗的不少本土文化正在逐步淡出人们的视野，文化馆承担着国家赋予对民族文化的传承、民间民俗文化的挖掘、非遗文化的保护功能；文化馆作为一座城市或地区的公共文化服务平台，有责任为人民群众提供文化设施开放、文化体育活动、艺术教育鉴赏、读书交友上网、文化团队辅导等公益性文化娱乐休闲服务。

二、从供给侧看文化馆体系建设普遍存在的短板

通过对本地县市区文化馆、乡镇（街道办事处）文化站、村（社区）党员群众服务中心等构成的文化馆体系建设情况调查分析来看，当前存在的困难和问题不在少数。其中既有扶持政策不够完善、财政资金比较困难、人才资源相当缺乏、遗留问题不同存在等共性问题，也有我们系统中"三情结合"不够、突破路径不多、创新工作不够、内部关系不顺等主观原因。按照群众对公共文化的期待要求和文化馆自身社会职能来比较，公共文化建设需要补齐的供给短板非常明显。

（一）文化馆站体系建设需要加快推进

文化馆普遍存在场地受限、设施陈旧、内容单一、服务粗放的问题，在普通公众心目中的存在感尚显薄弱，功能定位模糊不清。群众文化需求动态反馈机制、经费保障机制、社会力量参与公共文化绩效评价和监督机制等还不完善，在鼓励社会力量参与群众文化建设、形成群众文化活动多元化投入格局等还有待探索加强。

（二）现有文化设施的利用率有待提高

部分文化馆体系配置的文化设施从供给数量上就非常有限，

难以满足群众的需求；少数单位因为管理人员不足和开放时间固化，导致设施不能最大化利用；同时，一些基层文化馆的公共设施因缺乏日常管理维护经费及人员不足等原因，不能实施有效的管理，难以保证正常免费开放；品牌活动较少，群众参与活动的积极性不高，也从很大程度上局限了文化设施功能作用的高效发挥。

（三）群众文化活动的质量水平有待提高

目前，孝感市群众文化虽然有诸如孝文化大型节庆、每年一届的楚剧展演及每三年一届的省市楚剧文化"节演合办"等几个大型特色群众文化活动，但各地能够普及到基层的群众文化活动，特别是辐射覆盖到乡村（社区）的大众活动，还缺乏广泛发动、大力推进。已经开展的一些活动质量、针对性和吸引力等方面还不能完全满足群众对文化生活的新期待和新要求。

（四）各级文化馆（站）专业人才普遍欠缺

受进人渠道所限，基层文化专干不专，年龄结构老化、队伍力量薄弱；年轻化、专业化人才"招不来、用不好、留不住"的现象比较普遍；整体感到，目前还缺乏真正尊重艺术尊重创造的激励机制，从业人员的积极性、主动性和创造性不能充分发挥。诸如专业创作、舞蹈编导、文字撰稿、活动策划、音乐制作、音响灯光操作等专业技术人才比较缺乏。

（五）基层公共文化服务平台网络亟待健全

长期以来，市县两级到现在都没有自己的网站，或网站不完善。市一级对上与省馆之间、市馆与县馆之间、县馆与县馆之间，以及更基层的文化站之间，还没有构成现代文化馆网络体系，存在资源共享不够畅通、馆际交流联系偏少、关起门来自说自话等种种弊病。

三、从供给侧加强文化馆体系建设的对策建议

当前基层文化馆体系建设的共性问题和个性问题客观存在，有的还比较突出。难题需要逐个破解，短板必须逐一补齐。必须按照《推进文化建设供给侧改革的思路和举措》，紧紧围绕当前文化建设供给侧的问题导向，直面文化消费需求与文化产品提供之间的矛盾，较系统全面地分析供给侧与文化建设的关系，重点探讨推进文化馆供给侧结构性改革的思路和措施，先易后难、分步实施、突出重点、统筹推进，不断取得新的突破新的进展。

（一）突出加强市县两级文化整体规划

市群艺馆在加强自身建设的同时，应把加强对县域文化馆建设的沟通、协调、支持、服务等纳入整体规划，逐步形成市县一体、共同发力的格局。有针对性地列出我们系统内部的人才培训、交流计划，缓解管理服务人才短缺和业务能力欠缺等问题。各县市区文化馆，应着力恢复并加强对市馆的沟通联络机制，实

现良性互动互促，并将视觉、触角拓展到全省、全国；分步加强功能适应的文化设施建设，做到有重点、有亮点；强化乡镇文化协调职能，建立供需对接的咨询平台；落实村级文化供给重点，促进文化供给的良性循环。

（二）加快构建公共文化县域一体化模式

分析认识，构建这一模式的关键环节，重点是需要进一步整合县域公共文化资源，县域通盘规划，重点推进，逐渐形成"管理在县级、协调在乡镇、重点在村里"的县域公共文化服务网络结构。实现县域公共文化"统一标准、统一设施，统一服务，统一供给"的一体化模式。在积极争取政府对公共文化投入、增加供给的同时，还需要坚持以整合资源为抓手，提高供给效率，不断拓展和丰富公共文化服务的项目和内容，从而满足不同社会群体和社会阶层的多样化文化需求，实现人人享有公共文化服务的目标。

（三）建立健全文化馆系统网络服务平台

当前，各种移动终端的使用非常广泛，而微博微信可以向用户直接推送信息，更适合在移动终端上阅读、使用。可建立"孝感公共文化微信公众平台"，平台共分为微官网、微服务、微活动三大模块。除常规性咨询发布、特色活动介绍等二级菜单外，活动预约、志愿者服务和场馆预约都是服务号功能的外延内容。

我们的终极目标是建立符合孝感实际的数字文化资源共享平台，实现与互联网世界相融相通，补齐全市现代公共文化服务体系建设短板，提升公共文化服务的均衡性、有效性、精准性，真正发挥文化馆体系的龙头职能。通过共享平台的构建，能够加强文化馆互联互通，真正打通无障碍、无距离、全覆盖的现代公共文化服务网络体系。

（四）有针对性地培育特色团队和剧目

孝感特有的孝文化、楚剧、善书、皮影、龙灯等文化遗产和表现形式，是我们开展传统公共文化的特色。我们可以有针对性地扶持本地有特色的各种文艺团队，打造有特色能代表本地区最高水准的剧目。通过购买服务，把文化馆的工作导向传递给社会大众，鼓励群众广泛参与到文化服务中；通过创新方式和原创剧目，把本地区的故事说好，向社会传递正能量；创造协调的人文环境，构建和谐的人际关系，维系社会和平与稳定；以可持续的绿色发展为基调，培育深入人心的文化基因，并一代代传承下去；通过公开公平公正采购，积极吸收民间力量，对馆舍、设施及部分文化项目等进行运营，打造开放的文化服务队伍向社会专业团体和民间力量延伸对接，将社会力量引进公共文化体系建设中，构建更加完整成熟的公共文化服务体系，让大众共享我们通过方式创新、自我服务带来的更高水平的文化服务成果。

[此文曾以《从供给侧视角探讨文化馆体系结构性改革》为题，荣获 2017 年《文化大视野》全国群众文化论文集优秀论文奖（最高奖项），并被录入第十九卷；后结合文化馆系统学习贯彻十九大，进一步修改完善而形成此文，荣获 2019 年中国现代文化馆理论创新发展征文优秀奖]

【参考文献】

[1]《关于加快构建现代公共文化服务体系的意见》（中办、国办，2015 年 2 号文件）；

[2]《文化馆—创新发展，服务基层》（2016 年中国文化馆年会征文获奖作品集）；

[3]《文化馆建设标准指导手册》（2012 年版，文化知识出版社）；

[4]《孝感建市 20 周年群众文化活动综述》（1993-2013）；

[5]《孝感市基本公共文化服务实施标准》（2016-2020）。

对高质量发展市县文化馆体系建设的几点思考

摘　要：党的十九届五中全会对推进文化强国建设作出了重大战略部署。群众文化事业作为公共文化服务的重要组成部分，面临着时代赋予的新课题、新要求、新挑战，市县文化馆体系建设必须积极主动作为，勇于改革创新，特别是要正视存在的发展短板，把新思路、新任务、新举措纳入到"十四五"规划中，高起点、高质量地加强自身建设，以更好地适应社会系统的新变化。

关键词：文化馆体系；短板；定位；高质量；对策

党的十九届五中全会提出了实现"十四五"规划和 2035 年远景目标，其中对繁荣发展文化事业和文化产业、提高国家文化软实力进行了战略顶层设计，以期使公共文化服务体系和文化产业体系更加健全，人民精神文化生活日益丰富，中华文化影响力进一步提升，中华民族凝聚力进一步增强。作为处在基层的市县文化馆体系，必须以此为契机，从新视角直面文化消费需求与文化产品提供之间的矛盾，用新举措更好地保障广大人民群众的基本文化权益，催生更高起点更高质量的公共文化服务体系。

一、当前文化馆体系建设普遍存在的发展短板

在认真总结"十三五"成果与问题的过程中，通过对孝感市群艺馆和辖区 7 个县（市、区）文化馆、113 乡镇（街道办事处）文化站全面调查，以及抽查的 80 个村（社区）党员群众服务中心等构成的文化馆体系建设情况分析来看，急需补齐的供给短板还比较明显。

（一）文化馆站体系建设需要加快推进。普遍存在场地受限、设施陈旧、内容单一、服务粗放的问题，在普通公众心目中的存在感尚显薄弱。群众文化需求动态反馈机制、经费保障机制、社会力量参与公共文化绩效评价和监督机制等还不完善，在鼓励社会力量参与群众文化建设、形成群众文化活动多元化投入格局等还有待探索和加强。

（二）现有文化设施的利用率普遍较低。部分文化馆体系配置的文化设施从供给数量上就非常有限，难题满足群众的需求；

少数单位因为管理人员不足和开放时间固化、设施缺乏日常管理维护经费，导致设施不能最大化利用；品牌活动较少，群众参与活动的积极性不高，局限了文化设施功能作用的高效发挥。

（三）**群众文化活动的质量水平有待提高。**目前，孝感市群众文化虽然有诸如孝文化大型节庆、每年一届的楚剧展演及每三年一届的省市楚剧文化"节演合办"等几个大型特色群众文化活动，但各地能够普及到基层的群众文化活动，特别是辐射覆盖到乡村（社区）的大众活动，还缺乏广泛发动、大力推进。已经开展的一些活动质量和吸引力等方面，还不能更好满足群众对文化生活的新期待和新要求。

（四）**各级文化馆站的专业人才比较欠缺。**基层人员编制紧缺、文化专干不专、年龄结构老化、队伍力量薄弱；年轻化、专业化人才"招不来、用不好、留不住"的现象比较普遍；缺乏真正尊重艺术尊重创造的激励机制，从业人员的积极性主动性和创造性不能充分发挥。诸如专业创作、舞蹈编导、文字撰稿、活动策划、音乐制作、音响灯光操作等专业技术人才比较缺乏。

（五）**基层公共文化服务平台网络亟待健全。**市、县两级数字化场馆建设存在明显差异，有的还相对比较滞后，有的县馆甚至没有自己的网站，文化动态及相关服务跟不上。市馆与省馆、县馆纵向之间，县馆与县馆横向之间，基层文化站与群众之间，还没有构成现代文化馆网络体系，存在资源共享不够畅通、馆际交流联系偏少、关起门来自说自话等种种不足。

二、为文化馆体系的社会功能属性精准定位

剖析文化馆体系建设普遍存在问题的主要原因，既有扶持政策不够完善、财政资金比较困难、人才资源相当缺乏、遗留问题不同存在等共性问题，也有本系统"三情结合"不够、突破路径不多、创新工作不够等主观因素。最大的"病根"就在于还没有从供给侧角度为文化馆体系定性、定责、定位，影响和制约了公共文化服务效能的发挥。

（一）从社会属性上"定性"。文化发展的主要目的是要提高人民素养、影响大众审美、引导文化需求。文化不同于经济的地方在于，文化产品除了具有商品经济属性，还有意识形态属性和公共品属性，因此文化供给侧改革就不是简单去库存、补短板的问题。从这个意义上讲，文化馆的社会属性就应该是由政府设立，向辖区人民群众提供公共文化产品和公共文化服务的公益性文化事业机构，是党和政府开展宣传教育的阵地，是实施公共文化服务的龙头，是传承民族民间文化和普及艺术教育的学校，是开展文艺活动和对外文化交流的中心，是推进文艺创作和公共文化理论研究的基地。

（二）从工作内容上"定责"。文化馆体系的基本属性赋予了其主要有以下 10 项社会职责：开展社会教育，提高群众文化素质，促进当地精神文明建设；组织开展丰富多彩、群众喜闻乐见的文化艺术活动；举办各类展览、讲座、培训等，普及科学文化知识，指导群众文艺团队建设，辅导培训群众文艺骨干；收集、整理、研究非物质文化遗产，开展非物质文化遗产的普查、展示、宣传、传习活动；开展数字文化信息服务；指导基层文化馆、站、中心工作，开展配送文化资源和文化服务；指导本地区孝道文化、老年文化、青年文化、少儿文化、校园文化、企业文化、军旅文化、社会文化工作；开展对外民间文化交流；组织指导群众文艺创作，开展群众文化工作理论研究等。

（三）从主要功能上"定位"。其一，宣传教育功能。积极宣传党和国家的路线方针政策，在基层组织开展宣传教育、文明建设、文体活动、法制宣传、科学普及、远程教育、党团工会妇女民兵以及老年人活动等服务活动。其二，文化保护功能。承担国家赋予对民族文化的传承、民间民俗文化的挖掘、非遗文化的保护功能。其三，公共服务功能。承担起公共文化服务的主要职责，发挥组织、引领、示范、服务的核心作用，面向大众提供公共文化产品和公共文化服务。其四，娱乐休闲功能。积极为人民群众提供文化设施开放、文化体育活动、艺术教育鉴赏、读书交友上网、文化团队辅导等公益性文化娱乐休闲服务。

三、对推进市县文化馆体系建设高质量发展的对策建议

当前，必须以党中央关于"文化强国"战略部署为引领，紧紧围绕本级"十四五"文化旅游发展规划，牢固树立"文化强市"的理念，特别是要找准当前所处的发展阶段及特征，重点探讨并大胆创新推进文化馆建设高质量发展的思路和措施，先易后难、分步实施、突出重点、统筹推进。

（一）**突出加强市县两级文化整体规划**。市群艺馆在加强自身建设的同时，应把加强对县域文化馆建设的沟通、协调、支持、服务，以及人才培训、交流计划等纳入整体规划，形成市县一体、共同发力的格局。县级文化馆，应着力加强沟通联络机制，实现良性互动互促，并将视觉、触角拓展到全省、全国；分步加强功能适应的文化设施建设，做到有重点、有亮点；强化乡镇文化站协调职能，建立供需对接的咨询平台；落实村级文化供给重点，促进文化供给良性循环。

（二）**加快构建公共文化县域一体化模式**。进一步整合县域公共文化资源，县域统盘规划，重点推进，逐渐形成"管理在县级、协调在乡镇、重点在村里"的县域公共文化服务网络结构。实现县域公共文化"统一标准、统一设施，统一服务，统一供给"的一体化模式。在积极争取政府对公共文化投入、增加供给的同时，以整合资源为抓手，提高供给效率，不断拓展和丰富公

共文化服务的项目和内容，从而不断满足人民群众多样化文化需求，让人民享受公共文化服务。

（三）建立健全文化馆系统网络服务平台。当前，移动设备（智能手机、平板电脑）的使用非常广泛，而微博、微信可以向用户直接推送信息，更适合在移动终端上阅读、使用。因此，可建立本级公共文化微信公众平台，开设微官网、微服务、微活动三大模块，及时发布常规性咨询、介绍特色活动等，同时进行活动预约、志愿者服务和场馆预约等。通过建立符合本地实际的数字文化资源共享平台，实现与互联网世界相融相通，补齐现代公共文化服务体系建设短板，真正打通无障碍、无距离、全覆盖的现代公共文化服务网络体系。

（四）有针对性地培育特色团队和剧目。大力挖掘和开发利用本地特色文化资源，有针对性地扶持各具特色的文艺团队，打造有特色能代表本地区最高水准的剧目。及时把文化馆的工作导向传递给社会大众，鼓励群众广泛参与，共同传递正能量；营造协调的人文环境，构建和谐的人际关系，维系社会和平与稳定；以可持续的绿色发展为基调，培育深入人心的文化基因并代代传承；公开、公平、公正地引进社会力量积极投入公共文化体系建设中，构建更加完整成熟的公共文化服务体系，让大众共享更高水平文化服务的改革成果。

结语：文化强国是党的十九大提出的十二个强国战略目标之一。市县文化馆体系建设面临的历史使命和紧要任务，就是要深刻领会并准确把握党的十九大及十九届五中全会对建设文化强国作出的方向性、战略性安排，突出加强自身建设，把群众对美好生活的无限向往当作责任和动力，久久为功，坚持用高质量的服务更好地保障广大人民群众的基本文化权益。

（此文发表于 2021 年湖南《文艺生活》旬刊第 12 期）

农村留守人群生存现状及
文化需求调研之我见

　　孝感地处湖北省东北部，是一个发展中的新兴中等城市，现辖汉川、应城、安陆三个县级市及云梦、大悟、孝昌三县和孝南区。辖区面积 11600 平方公里，总人口 580 万，其中孝感市城区人口 30 万。近年来，随着孝感市经济结构的不断转化，进城务工的农民不断增多。孝感是劳务输出大市，仅 2010 年全市农村外出务工人员（含本乡、镇）已达 111 万人，形成了一定规模的打工经济。但由于农村劳动力加快向非农产业和城镇转移，在孝感市广大农村，留守在家的儿童和妇女不断增多，这些农村人群在文化生活方面存在很大困难。为此，孝感市文体部门十分重视农村基层文化建设，在省文化厅的指导下，尽一切努力，不断加大农村基层文化服务体系建设力度，一方面搞好农村文化基础设施建设，一方面为农民送戏、送书、送电影，把优秀的精神食粮送到田间地头，努力解决广大外出务工农民的后顾之忧，实现安居乐业。围绕这一主题，调研与思考如下。

一、现状

在孝感市农村留守人群中，以老人和儿童居多，其中，年龄在 50 岁以上的，文化程度在小学及以下的占留守老人总人数的 95%，高中及以上文化仅占 5%。孝感市现有 0—18 岁农村留守儿童总人数 177286 人。大部分为随祖辈生活，其余为自己独立生活、基本无人监护的状态。留守儿童主要分布在交通相对闭塞、农村经济发展较为落后的地区，云梦、大悟、孝昌三个县留守儿童占 18 岁以下青少年总数比例均在 30% 以上，大悟县高达 45%。

（一）留守老人的基本特点

务工收入是留守老人的主要经济来源。照顾家人成为留守主要原因。留守老人的主要任务就是坚守农村自留地和照顾孩子。也就是说，他们主要是担当了保姆的作用。

（二）留守儿童的基本特点

1. 基本生活有保障。父母外出务工，由于父母经济收入尚可，留守儿童在经济上有基本保障。大部分农村留守儿童虽然存在父母不在身边的精神压力，但在物质上的需求基本有较大程度上的满足。

2. 自理能力比较强。长期与父母分离的现状，使留守儿童不得不学会自立自理，能够较为独立地生活和照顾自己，已经成为留守儿童的明显特征。很多留守儿童不仅要照顾自己，有些还要照顾年迈或有病的祖辈，在家里负担着主要责任，心理和身体上的压力过早地压到了他们稚嫩的肩膀上。

3. 理解父母的艰辛。当"留守"在农村社会成为一种普遍的现象，加上学校教育的引导和社会舆论的影响，留守儿童们大多数都能够理解父母外出务工的行为，而且在精神上给予了父母一定的支持。

二、问题

（一）子女长期不在身边，留守老人一方面忍受着孤寂，一方面承担着帮助子女养育后代的责任，承受着多方面的压力。

1. 身体状况堪忧

由于农村留守老人年龄本来就偏大，再由于农村医疗条件的落后和经济状况的原因，导致留守老人往往有病不去治，本着拖一天是一天的原则，承受着常人难以承受的责任和压力，在默默地为家庭为社会奉献。

2. 精神负担较重

一是独自面对责任的压力大。很多老人在家会感觉压力很大，很需要家人的关心照顾。有的留守老人表示，自己身单力薄，又没有个依靠，遇到小偷都对付不了，因此一到天黑就不敢出门，担心被欺负。二是牵挂子女的忧心大。由于大多数留守老人的子女是跨省务工，一年中他们少有与家人团聚的机会。一家人长期分居两地，导致老人感情缺失，精神上得不到相应的慰藉。

（二）务工带来的经济上的宽裕使农村留守儿童对物质的需求已经不再重要，心理问题、安全问题等正悄然成为农村留守儿童问题中的难点。

1. 留守儿童心理问题成为主要问题

一是亲情严重缺失。大部分留守儿童父母一年或一年以上回家一次，一年之中，他们与父母相处的日子也就屈指可数的10来天。有超半数的孩子认为，一个幸福的家应该是能和父母在一起，孩子希望父母早日回家，让自己感受被关心的滋味。留守儿童对于亲情的无比渴望是常人难以想象的，大批留守儿童在经历这种与父母长期分离、情感上长期缺乏交流的亲情之后，对于亲情的理解和认识会不会有偏离，甚至会影响到下一代甚至更后一代对于亲情的理解。二是人格性格发展出现障碍。留守儿童由于没有父母的正确教育引导，加上有些孩子总认为自己是留守儿童而显得自卑，有事不爱与人交流，因为缺乏保护而总觉得别人会欺负他，一点小事就会计较当真，与人交流时充满警惕甚至是敌意，在自我保护上容易出现过激行为。部分由祖辈照顾的留守儿童，由于祖辈的溺爱、纵容，在性格上表现出来自私、霸道、蛮横，有些由其他监护人照顾的孩子，则相对比较内向，有心事不愿意倾诉，过多压力和想法没有正常的渠道来疏导，必然会造成人格和性格的扭曲。三是漠视亲情友情。亲情的缺失，导致了情感上的冷漠。留守儿童往往在现实中朋友显得比较少，有事喜欢闷在心里。

2. 留守儿童安全缺乏必要的保障

未成年人对于环境适应能力较差、自我保护能力较弱，对于留守儿童，监护人和学校肩负着主要安全责任。但是，一方面是大多数留守儿童的监护人是祖辈，他们年纪大，精力有限，普遍缺乏安全防护的意识和能力，对于孩子的照顾，一般仅限于满足其温饱；另一方面，学校面对的是未成年人群体，不是某一个孩子，不可能事无巨细。这种状况造成学校、家庭之间存在留守儿童安全管理衔接上的"真空"，以致留守儿童伤人或被伤害的事件时有发生。同时，我们可以看到，留守儿童溺水、触电、打斗等意外伤亡事件屡见不鲜，甚至留守女童被拐卖、被性侵犯的恶性案件也常常见诸媒体。

3. 留守儿童的家庭教育成为盲区

父母的长期缺位，导致家庭教育的严重缺失。留守儿童的家庭教育主要存在以下问题：一是监护人的能力问题。作为主要监护人的祖辈大都文化程度偏低，多数是文盲或半文盲，思想观念与孙辈有很大差距，难以与孩子交流沟通，有的要干农活维持生活，有的体弱多病无能力监护孩子，有的同时照看几个孙辈，根本无精力教育孩子，加之缺乏科学的家庭教育知识，往往只满足孩子物质、生活上的需求，甚至娇生惯养、放任自流，缺少道德上的教育引导。二是家长的价值取向问题。很多务工族因长期在外，无法照顾孩子而产生负疚感，大多采取"金钱+放任"的方式来补偿，偶尔打电话联系大多只过问孩子的学习情况，而对孩子的行为习惯、伦理道德、法制教育关注较少，致使孩子好逸恶劳、奢侈浪费、摆阔气，产生"拜金主义"等思想。

4. 留守儿童的社会关爱体系还不够成熟

目前社会对留守儿童的帮扶，主要通过爱心大使、爱心妈妈等结对帮扶，但在推行过程中，我们仍发现存在一些弊病。比如，"爱心妈妈"的帮扶往往只停留在较为肤浅的层次，过节日送送礼物、问问生活，对孩子平时的心理、生活学习细节不了解；有的"爱心妈妈""爱心大使"不能坚持关爱行为，有始无终的现象时有发生；整个关爱行动，对孩子的心理问题重视不够，解决具体问题不够，关爱行为的具体化、日常化、长期化建设还有待进一步完善。

三、留守人群的文化需求

(一) 落后的文化设施无法满足留守人群的文化需求

近几年来，由于我市农村经济发展相对滞后的局面没有得到根本改善，文化基础设施欠缺，没有正规的图书馆、文化馆、电影院可供留守人群开展学习和进行娱乐活动，电视又多是一些不适合他们这些年龄层次收看的节目，或者是他们这些文化水平无法理解的内容，使他们的文化生活显得贫乏单调，对生活学习提不起兴趣。

1. 留守儿童正处在身心发育期，有十分强烈的文化需求。当他们感兴趣的文化需求得不到满足时，他们就会通过一些不正当的渠道和途径，获取一些他们自认为属于自己所需求的文化。一些留守儿童的看管人或者代监护人说，我们只能在晚上监督小孩是否在看书，而看的具体是什么内容的书就不得而知。就这样，一些不健康的书籍传播的不正确的思想观点就会日渐占据他们的心理，使他们难辨真伪，正误的辨别能力越来越差。再加上农村较为偏远，监管力量缺失，一些黑网吧、黑录像厅乘虚而入，吸引了一批留守儿童的注意力，他们纷纷进入这类场所，毫无限制地接受着各类不良信息，有的甚至开始走上歧路。

2. 由于留守老人的文化精神生活匮乏，知识面狭窄，接触不到新的信息。一些骗子乘虚而入，留守老人上当受骗的事情时有发生。再由于老人的知识层次低，缺乏必要的沟通和帮教手段，也不利于留守儿童的教育和管理。因此，需要大力发展农村文化，使农村留守人群能从正常渠道获取其文化需求，这既有利于新农村建设，又有利于社会的和谐稳定。

（二）情感的缺失需要文化的补充

由于亲人长年在外奔波的现实，留守人群情感的渴望无法得到满足，他们更多地想从其他渠道获得情感上的依托。特别是留守儿童，他们最大的特点就是缺少监管和无人监管，一些留守儿童因盲目模仿，分不清是非好坏而走上犯罪的道理。据孝感市检察院和市法院调查显示，在我市犯罪的留守儿童中，42%与祖父母生活在一起，5.2%与亲戚生活在一起，9.1%被寄养在他人家里。留守儿童的学习成绩处于中下等，出现心理问题的占69%。他们由于身份特殊，渴求从书本或其他渠道获得更多的慰藉，而优秀的文化产品能帮助他们认识自我，树立起正确的人生观、世界观、价值观和奋斗目标。老人是个需要关心和照顾的群体，由于留守老人的特殊性，造成了其精神上的空虚。他们也急需正常的文化娱乐活动，丰富其业余生活。

（三）建设社会主义新农村需要先进文化来武装

农村留守人群是社会主义新农村建设的基础力量，他们素质的高低将直接影响社会主义新农村的建设。同样，新农村的建设是解决留守人群问题的关键,如果农村留守人群的问题长期得不到解决,社会主义新农村建设的水平就得不到提高,我国社会的综合水平也无法提高。在加强对农村留守人群其他方面关注的同时,文化的引导和关怀作用更为明显,更能激发其积极向上的心理。

四、对策

(一)提高认识,加强领导。农村文化建设是各级政府所应承担的公共责任,也是建设"生产发展、生活宽裕、乡风文明、村容整洁、管理民主"的社会主义新农村的必然要求。各级政府要从建设和谐社会、全面建成小康社会的高度来重视农村文化建设工作,把农村文化建设工作纳入各级党委政府的重要议事日程,纳入经济和社会发展规划,纳入财政支出预算,纳入扶贫攻坚计划,纳入干部晋升考核指标。对农村文化站要切实做到"四保留":即"保职能、保阵地、保经费、保牌子"。对文化工作严重倒退的地区,要建立领导干部问责制。

(二)加强农村文化设施建设,构建农村公共文化服务网络。坚持以政府为主导,以乡镇为依托,以村为重点,以农户为对象,发展县、乡镇、村文化设施和文化活动场所,全面构建农村公共文化服务网络。抓好街道社区、乡镇、村基层文化设施建设,为群众开展健康有益的文体活动创造条件。在十二五以前,坚持以政府为主导，以市县为主体，以乡镇为依托，以村为重点，以农户为对象，多渠道争取资金投入，全面建设覆盖全市的基层文化设施和文化活动场所，加大"三馆"（文化馆、图书馆、博物馆）和乡镇文化站、村文化活动室（中心）硬件设施的建设和改扩建力度，解决我市基层文化基础设施薄弱的问题，保障群众基本文化权益。

（三）积极改革创新文化管理体制，提高文化服务能力。要积极探索和改革现行的农村文化管理体制、投入机制、进人与用人机制，增强文化站在市场经济条件下自我发展的能力，激发乡镇文化站的生机与活力。在政府主导的前提下，鼓励和吸收多种经济成分参与农村文化设施建设。按照确保文化站公益性的基本属性、引入竞争机制和进行市场化运作的要求，创新管理体制与运行机制。各地文化部门和单位要根据新时期新农村建设的新要求，以提高广大农村群众的科技文化素质为目的，以自强不息、脱贫致富奔小康为内容，结合各地实际，用丰富多彩的文化活动，活跃农村群众文化生活。要加大对农村题材文艺作品重点选题的资助力度，每年推出一批反映当代农村生活、农民喜闻乐见的文艺精品。

（四）加强农村文化队伍建设，建立健全农村文化事业稳步发展的保障机制。要采取有效措施，稳定和发展一批专兼职结合的农村文化队伍，逐步提高队伍的整体素质。按照事业单位管理的有关规定，对全市文化专业干部要加强专业知识和专业技能的培训，在此基础上实行持证上岗。鼓励艺术院校的毕业生到农村从事文化工作。农村文化事业单位招聘文化专业干部，一律面向社会公开招聘，对于特殊专业人才要打破地区等级、单位性质和学历等限制，不拘一格用人才。积极培养农民文化骨干，充分发挥民间艺人、文化能人在活跃农村文化生活和传承发展民族民间文化方面的作用，巩固农村文化建设的群众基础。农村文化专业干部的工资要足额按时发放，福利待遇要有保障。对作出突出贡献的农村文化单位和文化工作者须进行表彰奖励，在全社会形成关心支持农村文化建设的良好氛围。

（五）动员社会力量支持农村文化建设，建立城市对农村的文化援助机制。继续开展文化、科技、卫生"三下乡"和文化对口支援活动。把农村文化建设纳入对口扶贫计划，建立和完善城市对农村的文化援助机制。积极引导社会力量捐助农村文化事业，重点捐助文化站（室）、图书室等农村文化基础设施建设。鼓励农民自办文化大院、文化中心户、文化室、图书室等，支持农民群众兴办农民书社、电影放映队，大力扶持民间职业剧团和农村业余剧团，因地制宜，分类指导，促进农民自办文化的健康发展。

　　结语：留守人群是一个不可忽视的群体，他们的文化需求是来自基层群众最迫切的呼声，作为我市文体部门，我们有责任和义务满足人民群众的基本需求，为我市的社会主义新农村建设添砖加瓦。解决农村留守人群问题是一项长期而艰巨的工作，只要我们共同行动起来，我们的工作就一定能取得新的更大的胜利。

　　（此文 2013 年 11 月获湖北省群文系统首届业务技能大赛群文理论类金奖，同年 12 月被湖北省文化厅网站选用）

打造精品　巩固阵地　服务社会

——孝感市群艺馆开展公共文化服务活动综述

　　党的十八大提出必须走中国特色社会主义文化发展道路，着重从社会主义核心价值体系建设、公民道德素质、人民精神文化生活、文化整体实力和竞争力四个方面作出了全面部署，指明了建设社会主义文化强国的前进方向。孝感是中华"孝文化"的重要发祥地和传承地，有着深厚的文化底蕴和丰富的文化资源。近几年来，孝感市群艺馆积极坚持"政府扶持、转换机制、面向市场、增强活力"的改革思路，以高度的文化自觉和文化自信，逐步探索出"繁荣与发展、传承与创新"的新模式和"走出去，服务社会"、"引进来，招贤纳谏"的新路子，不断强化阵地意识、精品意识、服务意识，在文化艺术创作上追求符合时代特征的艺术品位，在艺术表现形式上充分尊重普通老百姓的审美情趣，让群众文化艺术成为大众性的精品艺术，努力满足人民群众的多元文化需求，不断把群文公共文化服务工作推向新的高度。

一、根据人民群众的多元文化需求不断更新服务理念

随着社会的发展进步、物质生活水平的日渐提高，人们对精神文化生活的追求也日益增强。每天无论是清晨还是傍晚，都有大量的市民活跃在城区人民广场、社区广场、街心公园、董永公园、槐荫公园、商场门前，甚至任何一片相对开阔的街道一角。据统计，仅孝感城区及周边街道、社区、乡镇民间自发地组成的业余体育舞蹈团队、健身秧歌队、艺术舞蹈队、中老年红歌协会、业余京剧票友社、京剧、楚剧、二胡协会、红叶艺术团、和谐之声等各类文艺培训班就多达130余个。这些就是人民群众对精神文化生活的迫切需求，是对健身和对艺术美追求的真实鲜活的写照。面对群众自发蓬勃兴起的广场文化活动的持续热情和群众文化活动特点，孝感市群艺馆改变以往群艺馆主要以馆内活动为主和坐等"上门服务"的惯性工作作风，积极适应群文工作面临的新形势、新情况、新期盼、新需求，深入探索占领文化阵地的新理念、新模式、新办法，主动组织350多人次深入基层，走进社区，发展壮大新的文化队伍，灵活采用新的组织形式，充分利用现有的城市文化广场、社区广场作为新的表现平台，将社会各界的不同部门、不同单位、不同层次的群文组织、群文队伍网络起来，取得了非常好的成效。

二、正视群众文化工作存在的短板不断强化服务功能

过去很长一段时间，群艺馆的主要服务功能仅仅体现在"我搭台，你唱戏""你问计，我建议"等一些单一模式上。比如，搞一台文艺晚会，往往需要全馆全员出动，从晚会整体策划、音乐合成、舞蹈编排到灯光、音响、舞台背景设计，里里外外、前前后后，付出的工作量并不小，但其中真正融入自身群众文化的"艺术含量"并不多，没有达到应有的社会效果。前几年，广场及街心公园、社区广场文艺活动的开展，主要是以市民自发为主，以分散、自娱自乐的固有模式为特色。这些活动方式和内容大都是文明健康向上，但由于缺乏有力的指导和到位的服务，也客观存在着良莠不齐、消极陈旧的文化渗透。群艺馆针对存在的"短板"，着力从拓宽服务渠道、提高服务功能入手，坚持深入基层采集素材，把全市 70 多个文明单位的经验、120 多个文明典型风采创作演绎成一个个生动鲜活、原汁原味的艺术表现形式，编排加工成 150 多个表演剧目，不失时机地展示给广大人民群众，成为老百姓喜闻乐见、津津乐道、耳熟能详、不可或缺的"营养套餐"和"精神大餐"。针对孝感文化广场活动一直是城区最具影响力的艺术表现平台之一的特点，群艺馆坚持高质量、高标准、严要求地打造成"广场文化品牌"，旨在大力弘扬先进文化，展示文明风采。城区市级以上文明单位就有 100 多个，每个周末广场文化活动排得满满的，而每场文化活动都有群艺馆提供的服务。每到周末，人民广场上熙熙攘攘，吸引了群众数万人，好生热闹。市民精神文化需求得到了满足，人民广场由此成为城区一道靓丽的文化风景。

三、形成群众文化工作吸引社会各界踊跃参与的格局

2011 年，中共中央、文化部大力倡导"文化大繁荣、文化大发展"的精神，对全国上下实行"三馆"免费开放这一大举措，为广大人民群众提供了一个展现自我、表现才艺的平台，促进了社会各界团体相互间交流、相互学习、共同促进和谐发展。首先，作为群众文化工作者必须思考和回答好"三个如何"的问题，这就是群众公共文化工作服务的"重中之重"，在"三馆"免费开放后的这顿"免费午餐"服务工作如何才能跟得上、跟得紧、跟得好的问题。群艺馆的优势就是人才、环境和依靠人民政府支撑以及政策扶持。因此，群艺馆的眼光不能仅仅局限于眼前，对于人员素质提升、业务工作创新、整体文明建设、内外环境都得同步跟进。将公益性文化活动参与到市场经济运作模式当中去，先后组织和服务 80 多个台次的文艺活动，实现经贸搭台、文化唱戏，使文化广场文艺活动更具生命力。其次，高度重视群众文化调研工作。深入调查研究，包容多样，平等研讨，征集社

会各界意见和建议 670 余条，真正摸清了本地各层面的文化消费
人群、消费品位、精神文化生活需求的文化软实力，为确定群艺
馆今后开展群文工作方向、发展思路提供了第一手材料。思路决
定出路。群艺馆通过政府协调全市文艺骨干、精英人才建立一个
综合资源库，并及时发给资格证书。平日里坚持与已经"入库"
的 300 余名文艺骨干紧密联系，广集他们的思路理念，认真听取
并采纳他们独到的见解。近年来，群文工作紧紧围绕"政府主
导、市场主体、项目支撑、社会参与"的总体思路，多渠道筹措
与文化产业相匹配的发展资金，强有力地推进群文事业文化大繁
荣、大发展。

四、构建与城乡社区之间群众文化活动良性互动的平台

一切进步文化，都源于人民、为了人民、属于人民。孝感群
艺馆认真把握这一时代文化牲，精心构建公共文化服务体系建设
的舞台，"让居民在文化建设中唱主角"这是社区群文工作的一
贯宗旨。定期举办"缤纷大舞台"文艺演出，实质上就是政府为
社区居民自我展现、自我服务，并实现良性互动搭建最便利的平
台。那些民间的文艺专家、骨干、精英从业务上个个都全力发挥
着引领社区群众文化的正能量。孝感群艺馆组织广大文艺工作者
与社区紧密联系，形成网络化的立体互动格局。把群文活动与社
区文化特色、人才资源和传播手段有效地相结合起来，融入自身

固有的民俗文化、敬老文化、健身文化、旅游文化、节庆文化当中，积极开展与广大居民兴趣爱好、生活起居舒适度、休闲度假、生活幸福指数，以及与群众紧密相关的群文活动构筑成了一道道贴近民生、形式多样的多元文化风景。多年来，孝感群艺馆依托广大群文工作者积极地投身社区文化工作，组织相关群众文化知识培训 170 余期次，推出了一大批传承孝感文化、讴歌时代精神岁月的精品力作。通过开展丰富多彩的群众文化创作和表演活动，不仅丰富和完善了群众文化工作的发展思路，也有力拓展了群众文化工作的发展空间，有效聚集了社区群众文化工作的正能量，为把孝感全面建成小康社会提供了有力的精神支撑。

（此文发表于 2013 年湖北《荆楚群文》第 2 期，并被《2013—2014 年湖北省群众文化论文集——路在脚下 2》录入）

对新型城镇化进程中公共文化建设的
几点思考和建议

　　文化与经济一体化已成为当代经济和文化的发展趋向，它既是新型城镇化进程中的重要组成部分，也是新型城镇化建设的重要保障和推动力量。在推进新型城镇化进程中，必须把丰富人民群众精神文化生活作为根本出发点和落脚点，坚持文化事业的公益性、基本性、均等性和便利性原则，大力发展公益性文化事业，加强重大公共文化工程和文化项目建设，不断完善公共文化服务体系，更好地保障人民群众基本文化权益，更好地满足人民群众多方面、多层次、多样性的精神文化需求，充分发挥文化引领风尚、教育人民、服务社会、推动发展的作用。

一、明确方向，给新型城镇化进程中的公共文化准确"定位"

　　文化是一个城市的灵魂。新型城镇化正是需要用特色文化作为"镇城之魂"，在城市建设总体规划中突出地方人文精神的文化元素和文化符号，形成能够获得社会广泛认同的城市文化定位，确保城市既有新潮的建设实体又有丰富的文化内涵。

（一）主题文化在城镇化进程中引领时尚。一个城市鲜明的主题文化能够彰显新型城镇化的独特魅力。而独具特色的城镇主题文化，不仅是经济的重要组成部分，是推动新型城镇化进程中经济发展的内核和重要杠杆，同时也是城市的进步幅度、文明程度与发展高度的集中展示。城市的发展要靠文化领跑，城市的未来将以城市文化论输赢。新型城镇化的"新"就是要由过去一味追求城市规模扩大、空间扩张，改变为以提升城市公共文化等服务要素的内涵为中心，用人文理念主导和引领城镇建设，从而突出中心城区、新市镇、新型农村社区的主题文化和风貌特色，努力做好传承、发展城镇文明这篇大文章，真正使我们的城镇成为具有较高品质的适宜人居之所。

（二）文化产业在城镇化进程中担纲主角。中共十八大报告明确提出，扎实推进社会主义文化强国建设，推动文化产业成为国民经济支柱性产业。围绕这一战略目标，在未来新型城镇化的建设中，文化产业必须改变以往"送文化下乡"的配套角色，主动作为，担当重任，坚持走规模化、集约化、专业化发展路子，稳步推进文化资源整合，加快文化与科技整合，加强文化市场体系同经济实体的联合，推动城市文化产业规模实力迅速壮大、质量效益显著提升。要着力培育一批特色鲜明、创新能力强的文化科技企业，积极推进文化资源、生产、传播数字化，大力发展文化创意、影视制作、出版发行、网络视听、动漫、广告、演艺、娱乐、文化会展和数字内容等文化产业，形成本地特色文化产业优势，不断增强文化产业核心竞争力，丰富城镇化内涵，通过公共文化的大繁荣、大发展推动城镇化进程。

（三）公共文化在城镇化进程中不可或缺。新型城镇化是我国农村全面建设小康社会的一个必经过程，也是我国现代文明的一个重要标志。新型城镇化是农村政治、经济、文化的高度统一，其中基层公共文化是不可或缺的重要内容。因为新型城镇化的一个显著特点，就是城乡统筹，城乡一体，在城乡之间实现包括公共文化服务在内的社会服务均等化，缺少了均等的公共文化服务，新型城镇化必定是不全面、不可持续、不成功的。新型城镇化不仅要建完善的交通路网、漂亮的新型社区、标准化的产业园区，还应该有图书馆、文化馆、博物馆、书店等基础设施，有文化游园、主题公园、娱乐中心等文化活动场所和充分体现基本性、公益性、均等性、便利性的公共文化服务。

二、突出重点，为新型城镇化进程中的公共文化不断"扩容"

基层公共文化建设是新型城镇化进程的一项重要内容和长期

任务，必须大胆采取改革的手段和创新的办法，既要为传统的文化内容和表现形式"瘦身"，更好地传承优秀的传统文化，更要重点突出广大人民群众文化权益的"扩容"，精心搭建符合时代特色和适合公众参与的公共文化服务平台。

（一）**努力拓展文化发展空间**。一切进步文化，都源于人民、为了人民、属于人民。只有真情热爱人民、真诚了解人民、真心理解人民，才能创作和提供深受人民欢迎、对人民有深刻影响的优秀文化作品和文化服务。全面建成惠及十几亿人口的更高水平的小康社会，既要让人民群众过上殷实富足的物质生活，又要让人民群众享有健康丰富的文化生活。公共文化服务不能拘泥于特定环境和单一模式，而应该开展多种形式，开发并利用多种空间。如目前流行的企业文化、校园文化、广场文化、街头文化、商业文化、网络文化、青少年文化和老年文化等，都是新时期群众文化的发展空间。这些空间开发和利用好了，公共文化就能成为新型城镇化进程中社会主义精神文明建设的有效载体。

（二）**不断扩展文化服务内容**。以实施重点文化工程为抓手，坚持把重心放在基层，着力完善公共文化设施网络体系。不折不扣地执行国家有关规定，深入推进公共图书馆、文化馆、博物馆和文化站等基本公共服务平台的免费开放工作。进一步加强流动文化服务设施建设，做好流动图书车的配送工作，充分利用流动演出车、流动图书车，积极开展便民服务；加强数字文化服务建设，建立省、市级数字图书馆服务门户，加快公共电子阅览室建设，继续实施文化信息资源共享工程；推进下一代广播电视网建设、卫星直播广播电视、地面数字电视推广应用、城镇数字影院等重大产业项目；加强非物质文化遗产保护保存和合理利用，深入挖掘本地民间文化资源，打造更多具有鲜明地域特色的文化活动品牌，进一步提高公共文化的影响力和吸引力。

（三）**大力发展通俗文化事业。**通俗易懂的文艺作品，比较接近平常人的心态，更能亲切、生动地反映普通人的思维和情感，直视平凡的人生。"曲高"之作固然重要，但"和寡"现象却不容忽视。如果说文化盛宴上能够体现档次的"压席菜"必不可少，那么经常性的群众文化活动中的"家常菜"更受欢迎。因此，一定要在传承优秀文化的同时创新群众文化工作的模式和体制，改变单一的文艺表现形式和服务方向，防止片面追求"档次"而减少受众层次；要凸显人民群众的主体享受地位，扩大为群众服务的受益面，让更多人群享受公共文化产品服务；激发群众的参与热情，让群众从通俗文化活动的观赏者变为优秀文化活动的参与者，努力在价值观念、行为方式、文明素养等方面逐步与产业相适应、与环境相协调、与发展相同步。

三、内外兼修，让新型城镇化进程中的公共文化学会"借力"

文化建设是贯穿新型城镇化全程的一项长期而系统的民生工程，既要依靠政府主导下的公共财政大量"输血"赢得生机，更要善于借助多方力量不断增强自身"造血"功能激发活力。

（一）**靠文化顶层设计"给力"**。所谓文化建设的"顶层设计"，就是用理性、统筹、战略的眼光与全局观念通盘考虑文化建设的各个层次和各种要素，追根溯源，统揽全局，在最高层次上寻求问题的解决之道，一方面能为广借"外力"创造良好的政策、舆论和投资环境，同时又能为文化建设提升"内功"奠定坚实的理论、创新和落实基础。一要坚持高起点设计。特别注重发挥规划先导作用，为城镇发展科学定位，把最能体现地方人文精神的文化元素和文化符号列入当地城镇建设规划之中，使之成为决策者的执政理念、设计师的规划理念、建筑师的建筑理念，物化到城市基础设施建设中，避免盲目投入、重复建设。二要坚持高标准建设。坚决执行国家住建部、发改委制定的公共图书馆、文化馆建设标准，全面推动城市公共文化服务设施提档升级，让新型城镇化建设充满内在活力。三要坚持高水平服务。坚持把提高公共文化服务水平放在文化工作更加突出的位置，进一步加强公共文化服务体系建设，不断满足人民群众文化需求的必然要求，努力提高公共文化设施建设的覆盖率和人民群众享受优秀文化成果的参与率、分享率和满意率。

（二）靠文化经济政策"助力"。把加大财政投入力度与改进投入方式结合起来，通过政府采购、项目补贴、定向资助、以奖代补等方式，提高财政资金使用效益；围绕建立更加有利于推进新型城镇化进程中文化建设改革发展的配套政策体系，不断完善文化经济政策和改革扶持政策，充分发挥政策引导、激励和支撑作用；制定并落实好后城镇化的基层文化扶持政策，确保文化事业投入增长率不低于财政收入增长率；在用足用好用活国家政策的基础上，进一步研究制定本地配套政策，尽快完善财政投入、社会捐赠、税收优惠、金融支持、用地审批、投融资、出口贸易、产权保护等重要内容，吸引更多的社会力量进入公共文化服务领域，助推城市公共文化建设改革与发展。

（三）靠文化专业人才"发力"。围绕造就一批懂文化、精专业、会经营、善管理的高素质文化人才队伍的目标，建立健全有利于优秀人才健康成长和脱颖而出的人才机制，着力构筑文化改革发展人才保障体系。一是培养管理人才。充实基层文化部门的工作力量，坚持有计划、有步骤地培训重点文化企业高管人员和中层管理者，重点培训文化改革发展相关政策法规、现代经济理论、经营管理知识、资本市场运营等内容。二是广纳技术人才。抓紧吸收和培养一批善于开拓文化新领域的拔尖创新人才、一批掌握现代传媒技术的专门人才、一批懂经营善管理的复合型人才、一批适应文化走出去的国际化人才。三是引进高端人才。重点引进在创意、策划、经纪、营销等方面的高端文化人才和紧缺文化人才，建立健全吸引人才、留住人才、用好人才的激励机制和政策措施，根据新型城镇化进程中文化建设的实际需要，开展文艺创作和生产，不断提高文化产品的品位和持久性，为保障人民群众基本文化权益、加速新型城镇化进程做出新的更大贡献。

（此文 2016 年发表于湖北《荆楚群文》第 1 期）

浅谈新形势下如何丰富群众文化生活

群众文化，是人民群众自我进行的，以满足精神生活和知识需求为目的，以文艺娱乐为主要内容的自我完善的需求及其表现。在社会生活中，群众文化无时不有，无处不在，是人民群众自我娱乐、自我教育、自我完善、掌握文化和创造文化艺术的活动，是一种社会历史现象，具有鲜明的民族性和广泛性。市场经济条件下，传统的群众文化遇到了冲击和挑战，要促进群众文化工作的开展，就必须采取一定的策略，拓展群众文化的发展空间，发展通俗文化事业，发展城市广场文化。

一、历史上的群众文化

我国是一个历史悠久，民族众多的国家，超过 14 亿人口，群众文化的覆盖面之广，参与对象之众是其他国家所无法比拟的。我国群众文化源远流长，而且是最早产生的、最古老的文化艺术活动的基本形态，它几乎贯彻我国整个历史。为了表达人类的精神寄托和对理想的追求，原始社会时期，人类就创造了狩猎舞、图腾崇拜、求神娱神、击石而舞、祭坛而舞等各种群众歌舞形式；封建社会时期，我国也有众多的群众歌舞、优秀文化作品的出现；我党也历来重视群众文化建设，即使在严酷的战争环境里，也从没放松群众文化建设，从 1929 年的《古田会议》到 1942 年的《延安文艺座谈会上的讲话》，我党都颁布了一系列的文件，以指导在革命形势下的群众文化工作的开展；新中国成立以来，我们党领导下的群众更是创造了多种形式的群众文化，浩然正气的群众大合唱、灵活风趣的故事会以及流动于街头巷尾的业余文艺小分队，都是群众文化的具体表现。

二、新形势下群众文化遭遇的冲击

市场经济条件下，人们的选择更加自由，更加多元，个体满足更容易引起人们的认同感。目前，多元化的市场文化消费，大众传播媒介的突起和群众文化结构的多元都对传统的群众文化造成了一定的冲击。

（一）多元化的文化消费给群众文化带来一定的冲击。市场经济条件下，人们的文化消费多了许多选择，如以商品形态存在的舞厅、音乐餐厅、电子游戏室、卡拉 OK 厅、桌球室、网吧等，由于其灵活的文化样式，迅速赢得人们的青睐，而传统的群众文化，因为其单一枯燥，不能满足人们随意、洒脱、自然和清闲的心境而被人民群众，特别是青年人所遗忘。

（二）大众传播媒介对群众文化的冲击。电视、收音机、互联网等大众传播媒介，近年来以极快的速度迅猛发展，不仅能给群众带来娱乐，还能为人们提供信息。如今，不管人们在世界的哪个角落，一些突发性的事件都能通过大众传媒迅速而及时地传播开来。因此，谁占领了媒介市场，谁便能拥有最广泛的群众。

（三）群众文化结构的多元化、个性化对群众文化的挑战。市场经济条件下，人们的自主和独立意识越来越强，最明显的表现就是文化上的自我参与和自我欣赏，审美需要也越来越趋于多元化。群众文化消费，因为年龄、阅历、知识结构的不同，其欣赏结构也存在极大的差别。面对群众文化结构的变化，群众文化必须做出改变，以占领文化消费市场。

三、丰富群众文化生活的几点对策及建议

在市场经济的大环境下，传统的群众文化必须做出改变。在实际工作中，应当在普遍中求特殊，在共性中表现个性，将工作做到小型化、多样化、具体化和实用化，以满足不同群众的不同文化需要。

（一）把握时代特征，努力构建和谐文化建设

和谐文化建设，有助于指引构建和谐社会的正确方向。我

们党提出构建和谐社会，就是要在推进中国特色社会主义事业的历史进程中实现社会和谐，在社会和谐中推进中国特色社会主义事业。通过建设和谐文化有利于坚持为人民服务、为社会主义服务的正确方向。和谐群众文化活动是群众文化活动的核心，是产生群众文化事业、开辟群众文化工作、形成群众文化理论的基础。和谐群众文化活动的形式丰富多彩，有群众文学活动、群众曲艺活动、群众舞蹈活动、群众美术活动、群众戏剧活动等等；类型上有：创作活动、表演活动、展览活动、观赏活动、培训活动等等；和谐群众文化工作的特殊性赋予了群众文化活动空间的广泛性和时间的闲暇性。在当今改革开放的年代，参与和谐群众文化活动和共享文化活动成果是新时期群众文化活动的时代特征。

（二）积累文化底蕴，精心创作优秀文艺作品

丰富群众文化生活，必须创造更多的符合和谐要求、倡导和谐精神的优秀文化作品，不断满足人民群众日益增长的精神文化需要和建设社会主义和谐社会的实践需要。要通过不断积累丰厚的文化底蕴，用鲜活感人的艺术形象，真实反映构建社会主义和谐社会的伟大实践，反映人类向着和谐世界不断前进的强烈要求和发展趋势，并且努力用社会主义和谐的思想理念教育和激励人民，给人们以积极进取、奋发图强建设和谐社会的精神力量，推

动建设社会主义和谐社会的实践进程。好的文化作品或创意在创作和实践中要坚持"二为"方向，精心组织，精心创作，生产出更多艺术精湛、制作精致、具有强烈吸引力和感染力的优秀作品或创意，这是开展和谐群众文化活动的基础，我们要力求把最好的精神食粮奉献给社会、奉献给人民、奉献给伟大的时代。

（三）紧扣关键环节，严密组织群众文化活动

丰富的群众文化活动，有利于凝聚人们的意志，统一社会成员的信念。通过开展和谐文化活动，可以丰富人们的精神内涵，培育人们高尚的思想道德情操，建立和形成全体人民共同的理想和信念、共同的社会价值观和共同的精神追求；通过开展和谐文化活动，可以引导全体人民弘扬以爱国主义为核心的民族精神和以改革创新为核心的时代精神，在建设中国特色社会主义的伟大事业中，始终保持昂扬向上、开拓进取的精神状态，从而实现社会各阶层各尽所能、各得其所而又和谐相处。如果说优秀的文化作品创意是开展和谐群众文化的基础，那么精心组织实施是搞好和谐群众文化活动的关键环节。在实施和谐群众文化活动中，文化活动执行实施工作的好坏将直接影响和谐文化活动的质量。因此，在开展文化活动中要深刻理解作品的内涵、熟悉活动方案，才能在开展中决策准确、运作合理、指挥得当、调度有序，达到和谐群众文化活动的理想社会效应。

（四）积极拓展渠道，着力整合和谐文化资源

健康向上的群众文化活动，有利于深入宣传贯彻社会和谐、民族和谐、城乡和谐、阶层和谐、人际和谐的价值和意义，渗透尊重劳动、尊重知识、尊重人才、尊重创造以及尊重人格、关爱弱者、伸张正义、保持公正的价值观和理念，为和谐社会营造尊重、理解、文明的社会氛围。而丰富群众文化生活，是一项系统的综合性工程，如果仅仅依靠独立的文化个体的力量毕竟是有限的。所以说，我们在充分发挥国有文化事业单位为主体、主导作用的同时，还要依照和谐发展的原则，努力克服各自为战的局限，积极整合社会文化资源，团结和调动一切社会力量共同参与、共同构建和谐的群众文化活动体系，创建和谐的群众文化活动氛围，实现社会的全面进步，从而促进社会的和谐发展。

（此文发表于《湖北省 2010—2011 年群众文化论文集〈路在脚下 1〉》）

对农村公共文化体系建设现状的
调查分析

基层农村文化建设，是社会主义新农村建设的一项重要内容，是构建农村和谐社会的重要手段，也是当前乃至今后一个相当长时期文化工作的重点。根据市委领导意见，我局组织专班人员，会同县市区文体系统专班一道，就全市农村文化建设现状进行了全面深入的调查，现将有关情况报告如下：

一、全市农村文化建设的基本现状

近年来，全市文化工作在各级党委、政府的领导下，不断加大文化建设力度，注入孝文化城市内涵，在落实政策、加大投入、强化指导、扶持产业、建设阵地、创优环境、改革创新、开展活动上狠下功夫，取得了一定的成绩，为构建我市农村公共文化服务体系，建设社会主义新农村创造了条件。

（一）县乡两级文化机构网络基本健全

一是乡村户三级文化递次网络初具雏形。据统计，全市共有乡镇场、办事处 115 个，全部建有文化机构；行政村 2912 个，建有村文化室 696 个，占总村数的 24%。建立具有一定规模的科技文化中心示范户 582 个。乡村户三级文化网络建设，既完善了组织结构，为一级抓一级提供抓手，又为开展活动提供了场所。二是县市区"三馆"和图书、音像制品等发行网点较为健全。各县市区都建立了公共图书馆、文化馆、博物馆和电子阅览室。全市图书馆馆舍面积达到 11610 平方米，总藏书量约 51 万册，年平均流量 35.47 万人次。有 4 个县市（区）建有文化信息资源共享工程，占县市总数的 57%。全市共有图书发行网点 27 家，图书零售点 251 家，年销售图书约 878.6 万册；音像制品销售点 246 家，年销售额约 415 万元；卡拉 OK 歌舞厅 86 家，年均经营收入约 200 万元；网吧 280 家，年均经营收入约 1919 万元。三是文艺团队和电影放映队伍基本稳定。全市有县级专业剧团 6 个，有各种形式的民间剧团、乐队等 334 个，从业人员 2774 人。除县市区电影公司在城区放映外，共有农村电影放映队 31 支。基层农村文化服务正逐步由单一层次向县、乡、村、户四级文化服务网络发展，投入主体逐步由单纯公办向公办、民办、个体办方向转变。

（二）农村文化基础设施进一步完善

基层文化阵地建设是发展农村文化事业的基础，也是构建农村公共文化服务体系的基石。近几年来，全市基层农村文化设施建设有了长足进步。据统计，全市乡镇、场、办事处中，文化阵地面积 124528 平方米，其中，符合规范化要求，建有图书室和阅览室的文化站 47 个，阵地面积 13037 平方米。全市村级文化活动室总面积 5.786 万平方米。云梦县采取招商引资、争取上级支持和自筹的办法，投资近 2 千万元，建起占地 1.7 万平米的目前全国县级最大的博物馆和 4060 平方米的图书馆。特别是近两年来，全市文体系统抓住国家和省对农村文化建设支持的机遇，积极争取上级支持，为 3 个县市无偿配送演出舞台车，为 4 个县市区配备电影流动放映车，为 2 个县市建图书馆，为 7 个乡镇建综合文化站，为农村安装各类体育健身器材 347 台套等。据不完全统计，近 3 年，国家、省投入我市农村文化体育基础设施建设 700 多万元。

（三）农村文化活动比较活跃

各地始终把加强基层文化建设作为先进文化建设的基础工程，积极探索、大胆创新了"亲情回报、引富建文，工商惠农、联姻建文，部门联动、帮扶建文，政策引导、招商建文，培育主体、促群建文"五种模式，呈现多元主体办文化的局面。

全市 6 个县级专业剧团，常年活跃在广大农村，年团平均演出 244 场，观众达 194 万人次。334 个各类民间艺术团队，2006 年演出 15147 场次。去年全市县市区放映电影 5427 场，观众 190 万人次，其中农村电影放映 2483 场，观众 80 多万人次。云梦县的皮影队伍由原先的 5 支发展到近 20 支，在去年受邀参加唐山国际皮影大赛上共获 9 项大奖；孝昌县共有 17 支业余楚剧团、礼仪乐团、秧歌表演队活跃在城乡；大悟宣化店镇玄坛村农民，每年自发组织举办一次大型文化节，现已渐成规模；汉川福星楚剧团被评为"全国服务农民基层文化工作先进单位"。

近几年，全市具有地方鲜明个性的特色文化也得到了长足发展。汉川田二河镇的楹联创作、云梦的皮影艺术、安陆辛榨乡的打鼓说书、烟店的书法、李店的农民漫画创作等，具有广泛的群众参与性，都得到了不断的发展和提高。

（四）各级党委、政府对基层文化工作较为重视

这几年来，我市各级党委、政府比较重视农村文化建设，始终把文化建设作为农村思想政治工作的重要手段，作为新农村建设的重要内容，纳入党委、政府的议事日程。深入调研，认真部署，政策支持，积极参与，狠抓落实。首先从机构上保证。乡镇改革后，各级党委政府统筹考虑，保证了乡镇文化站班子不散，位子不丢，活动不断。全市各乡镇都建立了文化站或综合文化活动中心，重新配置了文化专职工作人员。115 个乡镇办事处中，在职总人数407人，其中聘用人员157人。全市乡镇财政拨款由改革前的160万元增加到改革后的203万元。云梦、安陆两县市党委、政府始终坚持把文化体制改革纳入综合配套改革中通盘考虑，把文化建设纳入协调发展总体目标中统一规划；应城市委、市政府每年两次召开专题会议，研究解决文化发展中面临的难点问题，并出台相关政策、文件，从根本上予以解决。如文明单位硬件条件的"六个一"中就包括"一个规范的文化活动室"，把开展丰富多彩的文化活动作为检验文明单位创建质量的重要依据，在文明单位申报、验收过程中作为刚性指标，不达标者一律实行否决；大悟县及时成立了农村"两个中心"建设活动领导小组，制定了工作实施方案，专门召开了全县建设"两个中心"活动现场会，特别是在地方财力十分紧张的情况下，加大了对文化事业的投入，切实帮助解决了一些实际困难。

二、农村公共文化建设存在的主要问题

我市农村基层文化建设虽然取得了一些成绩，但是随着群众生活水平的提高和文化工作重点由城市向农村转移，农村文化建设与全面建设小康社会的目标要求还不相适应，与和谐孝感建设目标要求及经济社会的全面发展还不相协调，与农村群众的精神文化需求还有差距。主要表现在文化体制不顺，机制不活，农村"养事"资金严重不足，文化产品和服务供给不足，农村文化从业人员缺乏，

文化基础设施陈旧，乡镇文化服务中心运转困难等。

（一）农村文化工作尚未引起各级领导的充分重视

据调查，一个时期以来，普遍存在着重经济建设轻文化建设、重城市文化轻农村文化的现象。有的领导干部认为经济工作是硬任务、硬指标，文化建设是软任务、软指标，把农村文化建设只当作是文化部门的事，看不到农村文化对于推动农村经济和社会全面进步的积极作用，看不到农村文化在新农村建设中的重要地位。因而关注不够，关心不多，关照较少。工作中没有把这一十分紧迫的任务放到应有地位，工作考核内容没有文化的具体指标，目标责任没有明确要求，同时，农村文化建设缺少长效的保障机制和灵活的运行机制，缺少统一的发展规划。

（二）文化管理体制不顺，文化站工作严重缺位

文化站在农村文化工作中起承上启下的关键位置，其职能的强弱，直接关系到一个乡镇文化工作的好坏。然而，有些乡镇虽设有文化站，但乡镇机构改革之后，乡镇文化站形同虚设。一是文化站工作人员的人事权归属乡镇，编制相应减少。据统计，改革后乡镇从事文化工作的人员比改革前减少 61 人。二是人员不专。往往一人身兼数职，出现了虽有文化专干的编制而无人员专用的现象。三是专职文化干部缺乏工作热情。乡镇机构改革时，较多的乡镇为了消化机关干部，将原文化干部分流或内退，而将

机关裁员充实进去。这些干部中相当一部分既无工作爱好，又无工作必备的专业知识，很难开展工作。四是改革工作不彻底、不到位，留下后遗症。大悟县 17 个乡镇文体中心，2005 年乡镇综合配套改革时，按规定将文化站人员、资产下放到乡镇，其中，有 10 个文化站长的基本工资由县文体局代发，而这 10 名文化站长以工资未全部兑现为由，长期占用文化站舍，使得新成立的文化中心人员不能进入，活动无场地，形成"两张皮"。

（三）经费投入严重不足，农村文化工作基础发生动摇

首先是对部分文化单位定性不准。中央、省文件明确规定，县市图书馆、文化馆、博物馆应是公益性事业单位，实行全额财政拨款。而我市多数县市"三馆"实行的是定额差额拨款，就连市直"三馆"也未享受全额拨款待遇。7 个县市区乡镇文化站除孝昌县将文化站定为公益性事业单位外，其余县市区都将其定性为企业，将文化服务中心推向市场。单位定性的偏差，从体制上为地方财政投入设置了障碍。其次是基础设施相当薄弱。据调查，7 个县市区除云梦县投资兴建图书、博物馆外，其他县市区近几年来基本没有为"三馆"改造投入，导致馆舍、设备老化严重，相当部分的馆舍面积达不到规定标准。乡镇文化基础设施大都十分落后。除了上级部门帮扶驻点的镇村文化设施齐全些外，其他乡镇文化站场所大多为 20 世纪 80 年代前后所建，约 50% 的

站舍面积在 100 平方米以下，有的甚至没有活动场所，且设施十分简陋，内容贫乏和单调。就连国家级文化先进县市的应城市和省级文化先进县市的安陆市也都各有 7 个乡镇文化站没有站舍。云梦县乡镇几乎所有文化服务中心缺少开展文化活动的设施条件，就是仅存的一些文化基础设施也是二十世纪七八十年代建设起来的，经过多年使用，加上无资金维修，大多千疮百孔，有的已经成为危房。农村电影放映也由于投入不足，放映设备得不到更新。目前已进入数字化电影时代，而我市放映机的主体仍是传统的 16 毫米放映机。以县市区电影公司为例。直属放映单位 15 个，有放映设备 34 套，其中放映机 16 毫米 21 套，35 毫米 13 套。受设备的制约，新片、大片放不了。直接影响放映场次。县级电影院也因无钱改造，条件太差，而吸引不了观众。按国家广电总局和文化部制定的农村电影 "2131" 工程，全市农村每年应放电影 2.3 万场，而实际每年只放映 5400 多场，比历史最高年份减少一半，离上级要求相差甚远。按照孝政发 ［1998］ 45 号 "关于进一步落实宣传文化事业若干经济政策的通知" 的有关精神，"县（市、区）级图书馆购书经费每年不低于 6 万元，实行专款专用，逐年增加。" 全市除了应城、汉川外，其他县市区都没达到规定标准，云梦县图书馆藏书总量仅有 48310 册，且多年没有增购一本新书，90% 的书籍已经过时。其三是人头工资拨付比例太低。以专业文艺团体为例。7 个县市区的 6 个专业剧团，共有演职人员 472 人，2006 年，财政拨款共计 356.8 万元，人均 7559.3 元。最少的大悟县仅拨款 26 万元，人均 4482.7 元。而且拨款首先必须保证离退休人员的工资，扣除之外，在职人员所剩无几。在职人员为了生计，日夜赶场，最高的剧团一年演出 380 场，而月收入也只有千元左右。四是相关政策执行不力。文件规定，"各级专业剧团每年在本地农村演出超过 100 场的由同级财政按平均 300 元给予超场演出补贴"几乎没有兑现。鄂发〔2001〕13 号文件规定，"乡镇公益文化体育服务经费每人每年不低于 0.5 元"，在执行中，县市区一般的作法，将此项专款同其他专款一同下达乡镇，乡镇在切块使用过程中将此款部分或全部挪作他用，实际基本落空。

（四）基层文化队伍结构不优，专业人才匮乏

队伍老化，专职不专。全市乡镇文化站 407 名文化专干中，聘用人员有 157 人。其中 40 岁以下的 195 人，仅占在职总人数的 38.6%。全市各乡镇文化站在七八十年代先后招聘了一批有一技之长的农村文艺骨干，到现在这批文艺骨干大多接近退休年龄，一直没有及时补充新生力量。即使补充了新生力量，也因为不具备必要的素质条件而不适应工作。云梦县 12 个乡镇文化服务中心共有在编文化专干 51 名，是机构改革中从乡镇其他部门分流过来的人员，

能胜任的不多，并且全部都是兼职；大悟县乡镇文体中心人员大多数为过去从事计生、民政和司机岗位的工作人员，全县乡镇文体中心 27 名工作人员中，司机任站长就占 4 名，打字员 2 名。

专业艺术人才相当匮乏。全市县级剧团的 472 名在职人员中，专业演员仅有 144 人，只占总人数的 30.5%，且其中 40 岁以上的有 51 人。所有剧团都面临演职人员行当不全、拉夫助数的窘况。大悟县楚剧团在职演职人员只有 20 人，唱一台传统大戏，必须花高薪从外聘请主要演员和琴师。近年来，由于市场经济的冲击及生存的需要和工资不能足额兑现，文艺骨干纷纷外出自谋生路，造成大批文艺骨干大量流失，又由于待遇低下，急需的专业人才难引进，留不住。应城市楚剧团 1999 年招收了 33 名青年演员，经过三年培养，都可上台演出，但由于工资水平低，纷纷外出打工，导致青年演员流失严重。安陆剧团在 1998 年和 2002 年共招收 30 多名文艺人才，由于编制、保险和工资待遇等问题，现在留下来的仅 5 人。

（五）农村群众文化活动自发开展，缺乏积极的组织和引导

农村税费改革前，村作为基层行政单位，都能够承担起演出、放映电影的任务，加之从乡镇到村再到组，层级之间有着紧密的经济联系，从上到下安排演出、放映电影具有可操作性，往往以组织出面进行协调，开展活动。改革后，村、组经济实力弱

化，有的地方取消村民小组，客观上造成组织以电影放映形式为主的文化活动的难度。承接文化活动的主体，再不是基层组织，而是婚丧嫁娶的个人。据统计，2006 年，农村民间艺术团队共演出 15147 场次，其中婚丧嫁娶演出 13781 场，群众集资演出 1065 场，企业捐资等形式演出 81 场，行政组织出面演出只有 220 场。从而形成了农村群众文化活动自发、松散、不经常的局面。农村民间文艺团体，也基本上处于自生自灭的状况，缺少必要的管理、培训和组织，演出市场信息不畅，表演艺术水平不高，甚至极个别内容也有待改进。村文化室建设因缺少投入，空白村所占比例太大；建起了村文化室，有的由于缺少群众喜爱的书籍和相关设施设备，活动较少。植根于农村最基层的科技文化中心示范户，一方面缺少投入，建设速度缓慢，2005 年，全市文化中心户 343 户，2006 年，新建 239 户；另一方面，建起后相当多的没有以文养文的收入来源，难以为继，更谈不上不断充实新的活动内容，以满足群众新的要求。

三、进一步加强我市社会主义新农村基层文化建设的建议

（一）认真分析农村文化建设的严峻形势，增强做好工作的责任感和紧迫感

各级党委政府，要充分认识农村文化建设在新农村建设中的地位和作用，进一步明确文化工作是公益性事业的认识，站在全

局的高度，把这一工作纳入重要的议事日程，摆到应有的位置，纳入经济社会发展的总目标统筹规划，加强领导和指导，定期听取文化工作的汇报，认真研究部署，切实帮助解决具体问题。要把文化建设纳入地方党委政府的工作目标考核，与经济社会发展指标一起下达，一起考核，同样奖惩，进一步增强各级党委政府重视、抓好文化建设的责任感。同时，加大宣传力度，号召全社会共同关注、支持文化建设，形成共建文化的良好社会氛围。

（二）进一步明确县乡文化机构的性质，理顺管理体制

要按照中央、省有关文件的要求，整合农村有限的公共文化资源，组建集图书阅读、广播电视、宣传教育、文艺演出、科技推广、科普培训、体育和青少年校外活动等于一体的综合性文化站。将现有的文化科技服务中心或文化广播服务中心统一更名为文化站，维持目前广播电视与文化站合一的综合文化站的体制不变，并将其作为公益性事业单位，不得企业化或变相企业化，不得以拍卖、租赁等任何形式，改变文化设施的用途；已挪作他用的，要限期收回。县市区"三馆"，要明确为公益性事业单位，纳入同级政府全额财政预算。

（三）落实各项文化经济政策，加大农村文化建设的投入力度

要按照中央、省关于文化体制改革的要求，在合理确定文化

馆、图书馆、博物馆、乡镇文化站等为公益性事业单位的基础上，以市委、市政府名义下发文件，制定和落实一系列文化经济政策，支持文化事业发展，帮助解决一些深层次矛盾和问题，包括公益性事业单位的人头费、业务活动经费、公共图书馆的购书费、文物保护经费、扫黄打非专项经费、剧团超场演出补贴、社会养老保险等。"三馆"要按照同级行政事业单位财政拨付系数的同等水平拨付人头工资和公务经费；文化站要改变享受企业人员待遇的现状，一律纳入公益性事业单位范围拨款；专业剧团参照省政府对武歌、地方剧团等5家重点专业文艺团体实行全额拨款的办法，由财政对人头工资实行全额拨款，以消除演职人员的后顾之忧。对国有文化企业要在税费上予以优惠照顾。乡镇按人头每人每年0.5元的文化经费，改变目前的拨款方式，由县级财政足额直接落实到文化站，以防挪作他用。对中央、省转移支付的文化建设专项经费，地方财政部门要加强监督，并建立与地方财政拨款挂钩机制，一旦挪用，实行必要的经济制裁，追究责任人的责任，确保资金专款专用。

（四）优化文化人才队伍结构，提高服务基层的整体工作水平

要抓住文化体制改革的机遇，根据事业发展的需要，科学合理地确定文化单位的人员编制及其比例结构，对编制已满，专业

人员严重不足的单位，由地方财政承担改革成本，通过分流的办法消化人员，为引进专业人才创造空间；对缺编的单位，组织、人事部门要网开一面，对引进的优秀专业人才，要及时办理相关调动手续，以便调入人员享受相应的待遇，让引进人才安心安家。要加强对活跃在农村的民间艺人的培训和演出的管理，由乡镇文化站建立文化市场信息通报制度，及时提供演出需求信息；由县文化部门定期对民间艺人进行业务培训，提高演技水平；县乡两级加强对民间艺术团体演出内容的管理，确保演出内容健康向上。在投入资金更新电影放映设备的基础上，整合现有电影放映人力资源，合理布局电影放映队，使之成为活跃农村文化的一支重要力量。

（五）加强文化阵地建设与管理，为群众开展文化活动提供场所

各级党委政府要对当前及今后一个时期文化基础设施建设进行全面规划，提出明确的建设标准，有计划、分步骤地逐步对乡镇综合文化站、社区文化室、村文化室进行改造和兴建。特别是注意把村文化室建设与党支部活动室建设结合起来，集中有限财力，坚持建设标准，做到一室多用。农民科技文化中心示范户建设，要采取部门支持、对口帮扶的办法促进发展。在选择示范户对象时，一定要考虑其对文化工作的热情、生活来源以及以文养

文的创收渠道等多种因素，防止出现拔苗助长，办得起来，维持
不久的现象。同时，要制定政策，落实国务院关于文化设施建设
撤一还一的规定，保证文化设施面积总量增加，质量明显提高，
为开展群众文化活动创造条件。

（2016 年 12 月发表于湖北《荆楚群文》第 4 期）

繁荣群众文化　提升幸福指数

——孝感市公共文化服务体系建设路径与成效

　　湖北省孝感市历史悠久，文化源远流长，是中国著名的"孝子之乡"，是中华孝文化之乡和楚文化的重要发祥地、国家非物质文化遗产代表性项目名录楚剧的重要发源地，也是著名的革命老区。孝感是全国唯一以孝命名的地级城市。根植于这一厚重历史文化土壤的孝感市群众艺术馆，成立于 1978 年，是隶属于孝感市文化体育新闻出版局公益性文化事业单位。长期以来，该馆一直充当着全市公共文化服务的主力军，在传承、创新和发展先进文化方面发挥着重要作用，取得了明显成效。

一、主要职责和社会功能

　　主要职责：开展社会教育，提高群众文化素质，促进当地精神文明建设；组织开展丰富多彩、群众喜闻乐见的文化艺术活动；举办各类展览、讲座、培训等，普及科学文化知识，指导群众文艺团队建设，辅导培训群众文艺骨干；收集、整理、研究非物质文化遗产，开展非物质文化遗产的普查、展示、宣传、传习活动；开展数字文化信息服务；指导基层文化馆、站、中心工作，开展配送文化资源和文化服务；指导本地区孝道文化、老年文化、青年文化、少儿文化、校园文化、企业文化、军旅文化、社会文化工作；开展对外民间文化交流；组织指导群众文艺创作，开展群众文化工作理论研究等。社会功能：①宣传教育功能。积极宣传党和国家的路线方针政策，包括在基层组织开展宣传教育、文明建设、文体活动、法制宣传、科学普及、远程教育、党团工会妇女民兵以及老年人活动等服务活动。②文化保护功能。承担国家赋予对民族文化的传承、民间民俗文化的挖掘、非遗文化的保护功能。③公共服务功能。面向大众提供公共文化产品和公共文化服务，特别是政府转变职能，管办分离、政事分开、政企分开、文教结合、文体结合后，各级文化馆必须承担起公共文化服务的主要职责，发挥着组织、引领、示范、服务的核心作用。④娱乐休闲功能。积极为人民群众提供文化设施开放、文化体育活动、艺术教育鉴赏、读书交友上网、文化团队辅导等公益性文化娱乐休闲服务。

二、基础建设和主要荣誉

经过长期建设与发展，如今的孝感市群艺馆馆舍主体设施达

2500 余平方米，是全省体量较大的地市级群艺馆。内设多功能活动厅、非物质文化遗产展厅、排练厅、少儿活动厅、老年活动厅等，门类齐全，具有现代化设施的 4 个业务活动厅（室），常年开展活动。工作面涵盖文学、音乐、舞蹈、美术、摄影、书法、戏剧、曲艺等众多艺术门类。内部机构设办公室、社会活动部、文艺部、培训部、调研部，在岗专业干部 16 人、工勤 1 人（其中，高级专业技术人员 2 人）。

多年来，市群艺馆常年为宣传党的政策方针、弘扬民族民间艺术、发展群众文化事业提供公益性展览服务，广泛开展群众性公共文化服务，不断满足人民群众日益增长的精神文化需求。通过组织开展不同形式的大、中型广场文化活动，孝文化艺术节、湖北省楚剧展演、湖北省少儿美术书法比赛及少儿文艺"金蕾奖"、参加首届湖北省群文系统业务技能大赛群文理论和音乐类分别荣获金奖，让广大人民群众不断获得精神文化方面的幸福感和满足感。董永传说、孝感麻糖米酒、孝感雕花剪纸、云梦县皮影戏、三节龙跳鼓、汉川善书、杨店高龙等被列入首批国家级非物质文化遗产代表性项目名录。近年来，孝感市群艺馆先后组织楚剧展演等大型公共文化活动 300 余场次，在各类报刊媒体刊登群文理论等稿件 170 余篇，组织参演的 40 多个剧目在全省、全国获奖，曾连续多年被评为市级文明单位和湖北省先进群艺馆。孝感市曾先后被评为湖北皮影艺术之乡、湖北孝文化之乡、中华孝文化名城、中国孝文化之乡、中国十大最具幸福感城市。

三、主要做法及社会效益

孝感有着深厚的文化底蕴和丰富的文化资源。近年来，孝感市群艺馆按照"政府扶持、转换机制、面向市场、增强活力"的发展理念，以高度的文化自觉和文化自信，从供给侧视角大胆改革创新，逐步探索出一条文化"繁荣与发展、传承与创新"的新模式新路子，不断强化阵地意识、精品意识、服务意识，在文化艺术创作上追求符合时代特征的艺术品位，在艺术表现形式上充分尊重普通老百姓的审美情趣，让群众文化艺术成为大众性的精品艺术，努力满足人民群众的多元文化需求，不断把群文公共文化服务工作推向新的高度。

（一）**根据人民群众的多元文化需求不断更新服务理念。**随着社会的发展进步、物质生活水平的日渐提高，人们对精神文化生活的追求也日益增强。据统计，仅孝感城区及周边街道、社区、乡镇民间自发地组成的业余体育舞蹈团队、健身秧歌队、艺术舞蹈队、中老年红歌协会、业余京剧票友社、京剧、楚剧、二胡协会、红叶艺术团、和谐之声等各类文艺培训班就多达 130 余个。这些就是人民群众对精神文化生活的迫切需求，是对健身和对艺术美追求的真实鲜活的写照。面对群众自发蓬勃兴起的广场文化活动的持续热情和新时期群众文化活动特点，孝感市群艺馆改变以往群艺馆主要以馆内活动为主和坐等"上门服务"的惯性工作作风，积极适应群文工作面临的新形势、新情况、新期盼、新需求，深入探索占领文化阵地的新理念、新模式、新办法，主动组织400多人次深入基层，走进社区，发展壮大新的文化队伍，灵活采用新的组织形式，充分利用现有的城市文化广场、社区广场作为新的表现平台，将社会各界的不同部门、不同单位、不同层次的群文组织、群文队伍网络起来，取得了非常好的显著成效。

（二）正视群众文化工作存在的短板不断强化服务功能。孝感市群艺馆针对公共文化服务建设存在的"短板"，着力从拓宽服务渠道、提高服务功能入手，坚持深入基层采集素材，把全市70多个文明单位的经验、120多个文明典型风采创作演绎成一个个生动鲜活、原汁原味的艺术表现形式，编排加工成150多个表演剧目，不失时机地展示给广大人民群众，成为老百姓喜闻乐见、津津乐道、耳熟能详、不可或缺的"营养套餐"和"精神大餐"。针对孝感文化广场活动一直是城区最具影响力的艺术表现平台之一的特点，群艺馆坚持高质量、高标准、严要求地打造成"广场文化品牌"，旨在大力弘扬先进文化，展示文明风采。城区市级以上文明单位就有100多个，每个周末广场文化活动排得满满当当，每场文化活动都有群艺馆提供的服务。每到周末，人民广场上数万群众熙熙攘攘，好生热闹。市民精神文化需求得到了满足，人民广场由此成为了城区最靓丽的一道文化风景。

（三）形成群众文化工作吸引社会各界踊跃参与的格局。首先，认真思考并回答好"三个如何"的问题。孝感群艺馆提出，作为群众文化工作者必须思考和回答好"三个如何"的问题，这就是群众公共文化工作服务的"重中之重"，在"三馆"免费开放后的这顿"免费午餐"服务工作如何才能跟得上、跟得紧、跟得好的问题。他们充分认识到，群艺馆的优势就是人才、环境和依靠人民政府支撑以及政策扶持。因此，对于人员素质提升、业务工作创新、整体文明建设、内外环境必须同步跟进。为有效将公益性文化活动参与到市场经济运作模式当中去，先后组织和服务80多台次的大型文艺活动，实现经贸搭台、文化唱戏，使文化广场文艺活动更具生命力。其次，高度重视群众文化调研工作。深入调查研究，包容多样，平等研讨，征集社会各界意见和建议670余条，真正摸清了本地各层面的文化消费人群、消费品位、精神文化生活需求的文化软实力，为确定群艺馆今后开展群文工作方向、发展思路提供了第一手材料。思路决定出路。群艺馆通过政府协调全市文艺骨干、精英人才建立一个综合资源库，并及时发给资格证书。平日里坚持与已经"入库"的360余名文艺骨干紧密联系，广集他们的思路理念，认真听取并采纳他们独到的见解。近年来，群文工作紧紧围绕"政府主导、市场主体、项目支撑、社会参与"的总体思路，多渠道、多元化筹措与文化产业相匹配的发展资金，强有力地推进群文事业文化大繁荣、大发展。

（四）构建与城乡社区之间群众文化活动良性互动的平台。一切进步文化，都源于人民、为了人民、属于人民。孝感群艺馆认真把握这一时代文化性，精心构建公共文化服务体系建设的舞台，"让居民在文化建设中唱主角"这是社区群文工作的一贯宗旨。定期举办"缤纷大舞台"文艺演出，实质上就是政府为社区居民自我展现、自我服务，并实现良性互动搭建最便利的平台。那些民间的文艺专家、骨干、精英从业务上个个都全力发挥着引领社区群众文化的正能量。孝感群艺馆组织广大文艺工作者与社区紧密联系，形成网络化的立体互动格局。把群文活动与社区文化特色、人才资源和传播手段有效地相结合起来，融入自身固有的民俗文化、敬老文化、健身文化、旅游文化、节庆文化当中，积极开展与广大居民兴趣爱好、生活起居舒适度、休闲度假、生活幸福指数，以及与群众紧密相关的群文活动构筑成了一道道贴近民生、形式多样的多元文化风景。多年来，孝感群艺馆依托广大群文工作者积极地投身社区文化工作，先后相关群众文化知识培训 300 余期次，推出了一大批传承孝感文化、讴歌时代精神岁月的精品力作。通过开展丰富多彩的群众文化创作和表演活动，不仅丰富和完善了群众文化工作的发展思路，也有力拓展了群众文化工作的发展空间，有效聚集了社区群众文化工作的正能量，为把孝感全面建成小康社会提供了有力的精神支撑。

（此文发表于 2017 年湖南《群论》期刊——群众文化的实践与思辨之十四）

对推动基层群众文化创新发展的
几点建议

　　群众文化是社会主义事业建设的重要组成部分，是新形势下进行基层思想政治工作的有效载体，是农村群众文化的优势，在于具有深厚的群众基础和广泛的群众参与性。改革开放以来，随着农村改革的不断深入，群众生活水平的不断提高，老百姓对文化生活的需求越来越高，越来越多样化，传统文化需求已不能满足需求。因此，加强群众文化工作的创新发展显得尤紧迫。

一、基层群众文化活动总体上受到了各地重视

　　在党中央、国务院文化强国战略的驱动下，各级党委、政府对加强群众公共文化建设也引起了相应的重视。虽然广大农村群众文化发展很不平衡，一些传统的业余文体活动多被现代文化形

式取代，群众对传统民间文化活动的积极参与兴趣正在逐步降低，但各地筹资兴建各类文化场馆，乡村建起了不少文化中心村组文化室；普遍实现了村村通广播电视工程；一些集体经济条件相对较好的、有热心人投入群众文化公益事业的村，公共文化活动开展越来越活跃；不少村镇还能经常组织较大规模节演活动，等等。这些措施对加强基层公共文化建设、活跃乡村文化生活、满足群众精神文化需求确实起到了积极的推动作用。

二、文化活动还不能满足群众的精神生活需求

主要表现在受经费和文化骨干不足、人员难以集中组织、现有的文化活动设施利用率不高等原因，多数文化活动群众参与不够普遍，覆盖面窄。在农村，群众在劳动之余从事较多的文娱活动分别是看电视、打牌，虽然也偶尔参加一下有政府组织的大型文体集会活动，但不能从根本上解决群众参与性的问题。

三、不少文化场馆没有发挥面向群众服务的作用

主要是利用率不高，设施设备简陋，大多数场馆几乎没有活动器材供群众活动，乡村两级组织活动难、筹资难，没有经费保证活动开展，缺少开展活动人才资源，缺乏行之有效的组织形式，各级财力紧张没有足够的经费保证开展群众文化活动的正常投入，上级部署的文化活动只是为完成任务而完成，只是当作临时性工作不做深入讨论或研究开展活动的基本途径。

四、创新发展基层公共文化建设亟待真抓实干

（一）**加强村组思想政治工作和精神文明建设。**以文化活动为切入点，在行政村建立综合适用型，具备农村特色的文化活动的场馆，满足群众经常就近，有选择地参加文化活动的需求，组织群众参加篮球比赛、书画大赛、农业科技知识竞赛等一些带有向导性的活动，激发和鼓励大多数群众的参与各类评奖活动，通过各类活动的开展，调动群众中间一些有文艺基础的骨干，种植养殖状元，等一些技能型人才，及时给予精神和物质奖励，使其成为各类活动开展的活跃积极分子，以此带动更多的群众参与活动，是群众在寓教于乐中享受生活，开阔视野，陶冶情操。

（二）**政府和村一级要把群众文化建设放在重要位置。**要纳入议事日程，与各项中心重点工作挂钩，建立相应的考核机制，把主要精力放在组织、指导群众文化活动上，尽量多向群众开放，政府要选择具有各类专业技能型人才定期深入村组，开展各类宣传活动，培训群众文艺骨干。文艺创作人员应该深入到群众中间多创作反映群众真实生活，群众喜闻乐见的作品。

（三）**要对群众文化这项公益文化事业给予一定的倾斜与扶持。**要调动社会办文化、群众办文化的积极性，多渠道发展群众文化事业。我市中老年人演唱队就是一个群众文化的典范，虽然规模不大，但是代表了群众对文化生活的追求、渴望。对

于这些群众文艺团体，政府或村要给予足够的重视，应从政策、资金，场地上给予帮助和支持，各村要效仿组织热衷文艺活动的团体个人兴办文体自乐班，文体协会推举一些退休老教师，作为活动的带头人定期开展活动，村组可以定期组织巡回演出参加比赛，正确把握群众文化发展的方向，提高群众文化活动的品位和质量。

（四）群众文化应整合多个部门和社会团队的共同参与。结合活动形式的开展充分发挥共、青、妇、校等部门的特殊团体助力群众文化。比如妇联组织开展美德在农家举办家庭演唱会，各类评选活动，趣味运动会及形式使思想道德、科学知识文化艺术法律知识走进家庭，共青团应发挥青年人的优势，用新知识、新思想影响调动群众文化，开辟青年人创新评比活动等内容丰富，形式多样的活动，建议将家庭文化建设与企业、社区、校园文化结合一同列入精神文明建设的重要内容，给予一定的工作指导和宣传支持，使之更富有吸引力和生命力。

（五）把广场文化作为群众文化活动的重要平台加强建设。开展广场活动参与面广，内容丰富，是各类文体活动的基础，活动集健身、休闲、娱乐为一体，不分男女老幼，应做好基础设施建设的投入，加强组织引导，群众参与，专人负责，共建共创和谐文化，专业文化部门应做好指导培训工作，使广场文化活动真正成为一切活动开展的基础。高度重视、挖掘当地特色文化资源，利用好、发挥好当地的特色文化资源，打造特色文化品牌，使广场文化成为孝感群众文化传播的一个特色品牌。

（2011年6月发表于湖北省群众文化学会《文艺指导》第2期）

浅谈公共文化在新型城镇化进程中的
意义和作用

文化建设是党的十八大确立的中国特色社会主义"五位一体"总布局的重要组成部分。其中城乡基层公共文化建设，作为我国社会主义文化的重要组成部分和推动我国社会主义文化大发展大繁荣的基础，既是新型城镇化建设的主要内容之一，也是新时期城镇化进程的重要保障和推动力量。

一、公共文化建设在新时期城镇化进程中的重要意义

（一）公共文化建设带来的繁荣的文化产业能为新型城镇化提供强劲的发展动力

加强基层公共文化建设是发展城乡文化产业经济的需要。有学者指出："今天的文化是明天的经济，经济的背后渗透着文化。"他们认为："十九世纪靠军事改变世界，二十世纪靠经济改变世界，二十一世纪靠文化改变世界。"当今时代，在城镇化建设中，文化与经济相互渗透、相互融合、相互促进、相互支撑，已经达到了非常广泛的程度。一方面，随着城镇化加速推进，全社会对文化商品将表现出强烈需求，为文化产业崛起带来了大好机遇。按国际惯例，恩格尔系数达到 30%－50% 时，整个社会对文化产品的需求将蓬勃高涨。另一方面，文化产业具有科技含量高、环境污染小、关联带动性强等特点，它能以几十倍、几百倍的增幅升值产品价值，并且能通过与旅游、制造、交通、房地产等行业的渗透融合，在改造提升第二产业，优化第三产业结构等方面发挥重大作用，对促进产业转型，推动经济发展方式转变具有重大意义。毋庸讳言，在这种情况之下，文化已经成为一种主角，我们必须切实加强基层公共文化建设，才能促进城乡文化产业经济持续健康地向前发展，并使之成为推动新型城镇化经济社会发展的新亮点。

（二）公共文化建设具有的对人文素质的良好提升是新型城镇化的必然要求

加强基层公共文化建设是新型城镇化中加快城乡和谐社会建设的需要。物质文明和精神文明统筹协调发展是新型城镇化的重要内容，物质是基础，文化是支撑。城镇化进程中，随着经济社会的快速发展和人均收入的大幅提高，人民群众对精神文化需求的质和量日益增长，社会转型时期人与人、人与自然、人与社会之间的矛盾也不可避免。文化是推动人类社会由低级向高级发展的动力。没有人文素质的提升，人类社会是不可能进步的。哪个地方的文化工作抓得好，人文素质高，那个地方就经济繁荣、社会和谐。同时，良好的人文素质也是高素质产业工人的必备条件。新型城镇化是对现有生产生活的一次质的提升，这迫切需要"新居民"在价值观念、行为方式、文明素养等方面与产业相适应、与环境相协调、与发展相同步。发展城乡基层公共文化，有利于释放文化的社会功能，不仅能够满足城乡居民日益增长的精神文化需求，而且能够形成良好的人际关系有利于社会稳定，从而为新时期城镇化建设营造良好的人文环境。

（三）公共文化建设提供的均等的公共文化服务是新型城镇化的重要标志

加强基层公共文化建设是新型城镇化发展中维护城乡居民文化权益的需要。城乡居民文化权益是指城乡居民获得文化教育、文化服务、文化消费等方面的权利，是城乡居民的基本权益之一，是衡量城乡居民生活质量的重要内容。而基层公共文化建设是满足广大人民群众精神文化需求的一个重要手段，是保障广大人民群众基本文化权益的一个重要途径，是实现广大人民群众根本利益的一个重要方面。新型城镇化的一个显著特点，就是城乡统筹，城乡一体，在城乡之间实现包括公共文化服务在内的社会服务均等化。新型城镇化不仅要建完善的交通路网、漂亮的新型社区、标准化的产业园区，还应该有图书馆、文化馆、博物馆、书店等基础设施，有文化游园、主题公园、娱乐中心等文化活动场所和充分体现基本性、公益性、均等性、便利性的公共文化服务。否则，新型城镇化就是不全面、不可持续、不成功的。只有切实加强基层文化建设，不断提高公共文化服务的质量和水平，才能在新型城镇化进程中丰富城乡居民的精神生活，增强城乡居民的精神力量，满足城乡居民的精神需求。

（四）公共文化产生的延续和传承优秀文化作用是新型城镇化建设的重要内容

一个区域或者一个城镇在历史发展过程中，会不断积累、沉淀形成一套属于本区域的、完整的文化价值体系，它们不仅为当地提供生活规范、德行操守，支撑起社会的伦理关系，而且深刻影响着当地政治、经济制度的建设和政策的施行。这种文化价值理念是城镇居民的精神家园，千百年来在心灵稳定、社会和谐方面发挥了重要而积极的作用。在新型城镇化建设过程中，做好他们的延续和传承就是延续城市的文脉，就是延续城市的精神。

（五）公共文化建设形成的鲜明文化特色能够彰显新型城镇化的独特魅力

城镇文化既是一个城镇独一无二的印记，更是其精髓。独具特色的文化，承载着城镇的历史，展示着城镇的风貌，体现着城镇的品格，是一个城镇魅力的集中展示。一座城市的绿化、亮化、美化如何，只是体现出该城市的外在美，而文化特色、文化魅力和文化氛围，才能真正体现出一座城市的内在美。只有"有文化"的城镇，才能避免"千城一面、万楼一式"的模式，才能在激烈的竞争中独占鳌头。

二、公共文化建设在新时期城镇化进程中的独特作用

纵观国内外城镇化推进比较好的国家和地区，都高度重视文化建设，都能做到将城镇化与文化建设通盘考虑，统筹谋划，同步推进，相得益彰。

（一）公共文化建设能在城镇化建设规划中充分彰显地域文化特色

1. 注重塑造鲜明的城市建筑风貌。很多城市通过《城市风貌设计导则》，强制性要求把富有地域文化特色的文化元素和符号体现到老城改造和新城开发中。如美国旧金山早在1972年的《城市总体规划》中，就对新建筑开发位置、高度、体量、色彩等方面做出了管控。合肥市在2005年启动新型城镇化建设时，就开展了城市景观风貌及建筑特色规划招标。

2. 加强历史遗产保护。巴黎近 200 年来老城基本保持不变，包括下水道在内共有各类保护古建筑 3115 座。德国柏林要求古建筑只要符合"古教堂、古住宅、古工厂、独一无二、著名建筑师设计、公认美"中任一指标，就要被列为保护对象。江西婺源县在新型城镇化进程中，保留了完整的徽派民居建筑风貌，极大地增添了城镇魅力。

3. 打造特色文化街区。天津市 2005 年就颁布《历史风貌建筑保护条例》，对核心历史街区的 746 栋、114 万平方米历史建筑进行了逐栋保护。武汉市采用紫线、绿线、蓝线等规划控制手段，界定城市风貌敏感区。上海新天地街区、南京 1912 街区、西安大唐西市、成都宽窄巷子、哈尔滨老道外街区等都是典型的特色街区。

（二）公共文化建设能在城镇化公共服务功能上大力提升文化供给能力。

1. 高标准规划建设中心城区基础设施。许多城市把建设大型文化基础设施作为城市化、城镇化推进的重要切入点。太原市自 2009 年开始，先后投资近 20 亿元沿河建设了音乐厅、图书馆、大剧院、博物馆和科技馆，形成 16 万平方米的"文化岛"。长沙市投资 14 亿元建设了新图书馆、博物馆和音乐厅。武汉市于

2004 年起投资 21 亿元，建起了琴台大剧院和琴台音乐厅。

2. 大力推进城乡文化服务一体化。例如成都市不仅按照"一县三馆一剧院"（文化馆、图书馆、博物馆、影剧院）、"一乡一站一影院"（乡镇综合文化站、综合影剧院）、"一村一室一广场"（综合文化活动室、文化广场）的标准，对基层文化设施进行提档升级，而且还为市县两级文化馆和演艺团体配备流动舞台演出车，推进优质文化服务向基层流动。

3. 大力丰富基层群众文化生活。一方面广泛开展各类主题文化活动，繁荣广场文化、社区文化，一方面加大财政投入，为群众文化活动提供必要支持，如成都市就将基层公共文化服务经费纳入市县财政预算。

（二）公共文化建设能在城镇化进程中全面提升城乡群众文化素质和道德修养。

1. 广泛开展人文素质教育。韩国在"新村运动"中，从中央到地方都建立了相应的教育和培训机构，把培养农民的"自立、自助、勤勉、合作"观念作为核心建设内容之一。

2. 大力加强道德建设。常州市坚持开展"道德讲堂"活动，通过倡导孝亲爱亲、文明礼貌、移风易俗等教育活动，形成了城乡团结互助、扶贫济困、平等友爱、融洽和谐的良好风气。

3. 推动农村精神文明建设。近年来，全国新农村建设推进较好的地区，都广泛开展了"新农民、新生活、新家园"教育实践活动，文明村镇、文明家庭（文明户）、文明楼幢创建活动和"好婆媳、好邻居"评选工作，使农民文明素质和村容村貌发生了巨大变化。

（三）公共文化建设有利于城镇化进程中本地优秀文化的延续和传承。

1. 重视核心价值理念的培育和确立。欧美国家的现代化、城市化，正是发轫于文艺复兴运动和启蒙运动，正是伴着西方核心价值观的培育、确立而逐步实现的。新加坡的现代化进程为什么能如此成功，一个重要原因就是把东方价值观，主要是儒家思想作为国家意识，确定为行为准则和道德信条，广泛开展"忠孝仁爱礼义廉耻"八德教育。

2. 重视传统文化的传承。法国把保护传承传统文化作为基本国策，旗帜鲜明地抵制外国文化侵略和文化渗透，通过法案禁止在公告、广告中使用外语，禁止法国人在境内的会议上用其他语言发言。

3. 重视特色文化和民俗文化的保护。欧洲每年定期举办的特色文化节有上千个，如大家熟知的西班牙奔牛节、西红柿节，德国啤酒节，英国爱丁堡国际艺术节等。日本自20世纪80年代起，不仅由国家组织"民俗资料紧急调查""民俗文化分布调查"

"民谣紧急调查"，而且坚持举行全国性民俗艺能大赛。

三、公共文化建设日益成为加快实现城镇化的动力之一

从世界发达国家和大城市看，文化已成为经济"发动机"。在美国，音像业早已超过航天工业，居出口贸易的第一位；在迪斯尼，三个人创造的卡通片的价值，抵得上泰国全年香蕉总产值；在日本，动画制造是第二大支柱产业，其出口额是钢铁的四倍。伦敦、巴黎并不是经济意义上的制造中心，但因繁荣发展的文化，不仅成为世界之都，同时也带动了金融、贸易、旅游、运输的极大发展。从国内先进城市看，北京、上海、广州、西安等城市均在"十二五"规划中提出了建设"国际文化名城"或"国际旅游文化名城"的目标。长沙市将推动文化崛起作为优先战略，武汉市提出"文化崛起要成为经济崛起的动力之源"，北京市文化创意产业成为仅次于金融业的第二大支柱产业。从小城市或小城镇来看，文化的推动作用更为明显。法国的戛纳虽然只是一个 7 万人口的小镇，但却因为戛纳电影节而名扬世界，每年旅游及相关收入就达到 11 亿美元；凤凰县是一个只有 42 万人口的偏僻湘西小县，但却因为文化优势在 2012 年接待游客 690 万人次，实现旅游总收入 53.01 亿元，占全县 GDP 的 67.5%。丽江、大理、乌镇等地，都围绕文化资源做文章，由文化立市走上了文化强市之路。

四、结语

向着社会主义文化强国目标迈进，已经成为全党和全国人民的共同理想与企盼。中共十八大把推进文化强国建设写入报告，顺应的是时代的要求，推动了经济政治和社会的全面发展，为的是实现我们的现代化战略目标。2020 年实现全面小康，2050 年把中国建设成为富强、民主、文明、和谐的社会主义现代化国家，不仅取决于经济的发展，还会越来越突出地显示在文化的发展上。新型城镇化是以城乡统筹、城乡一体、产城互动、节约集约、生态宜居、和谐发展为基本特征的城镇化，是大中小城市、小城镇、新型农村社区协调发展、互促共进的城镇化。而缺少文化的城镇化，是失衡的、不完整的；没有文化的积极引领，即便是一时经济上去了，最终也不会实现全面建成小康社会的奋斗目标。我国在新型城镇化进程中，必须高度重视文化建设。

（此文为 2016 年参加全省群众文化理论研讨会交流材料）

略谈文化广场对丰富群众文化生活的
重要性

发展群众文化的策略在新形势下我们只有开动脑筋，以创新的精神改变传统群众文化活动单调的模式，我们的群众文化事业才能为广大群众所接受和喜爱。

一、努力拓宽群众文化空间

群众文化不能拘泥于任何一个环境和方式，而应该开展多种形式，利用多种空间。如目前流行的企业文化、校园文化、街头文化、商业文化、老年文化、青少年文化和老年文化等，都是新时期群众文化的发展空间，如果这些空间利用好了，那么群众文化工作就能成为社会主义精神文明建设的有效载体。

比如校园文化，它是以满足学生精神生活需要为目的，以文化艺术活动为主要内容的一种社会性文化。随着学子们从校园走向社会，校园文化的发展能有效地促进社会文明和家庭文化乃至整个社会文化的良性循环，因此，校园文化是提高学生素质乃至整个社会群体人的素质的摇篮。

二、大力发展通俗文化事业

通俗易懂的文艺作品，比较接近平常人的心态，更能亲切、生动地反映普通人的思维和情感，直视平凡的人生。因此，不仅在中国，就在国际市场上，人民大众也比较喜欢现代的、通俗的、潮流的文化艺术。而在我国发展群众文化的过程中，通俗文化却受到了抑制，需要引起高度重视。

首先，要彻底改革群众文化工作的旧模式、旧体制。比如，长期以来，在提到城市群众文化工作时，人们往往能想到各类文艺比赛，省级城市搞省级大赛，市级城市搞全市大赛，县级城市搞县级大赛，而在群众眼中，这些大赛是最缺乏观赏性和可看性的，因为这些大赛很难在外在环境上为观众提供集中于艺术作品和艺术欣赏的特殊氛围，所有的大赛程序都是雷同的，而且在演出过程中，组织者要开题演讲，评委要频频亮分，工作人员在场内来来往往，最后还有领导的颁奖环节等等，这些很难激发观众再次欣赏这类艺术的活动的欲望和情绪，像这种严重缺乏欣赏性的各类文化大赛活动应当得到彻底的改革。其次，要注意培养自己的人才，培养自己的通俗创作群体和表演人才。应当创造条件让群众文化工作者到通俗文化最为发达的地区学习经验，以提升群众文化工作者的整体水平。另外，加大投入，逐步完善和应用现代化的音响设备、器乐设备也是发展通俗文化所不能缺少的，因为通俗的现代艺术离不开这些物质设备。它们也是现代艺术的组成部分。

三、不断改进广场文化方式

广场文化是现实城市文化环境和综合文化实力的重要标志。在计划经济时代，广场文化一度非常繁荣，当时，广场成了城市居民主要的精神活动场所，为活跃当时的精神生活创造了条件。改革开放以来，广场文化虽没有以前那种特殊的地位，但仍是人们精神生活的重要表现形式。广场文化主要有四种形式，即街头文化、健身休闲文化、大型娱乐演出活动和广场美化。

建设广场文化，必须注意以下三个要素。首先，广场文化要避免政治、经济色彩过浓，避免过于功利性。广场文化应该有利于减轻人们日常劳作的疲劳和压力，使人们精神享受的愉悦的生活方式。其次，市场文化要考虑大多数人的审美心理和经济承受能力。虽然我们城市居民的收入有所上涨，物质生活水平有所提高，但文化娱乐消费支出的比例仍然比较低，因此，必须考虑人们的经济承受能力。再次，要具有导向性和激励性，广场文化应当以社会主义精神文明为宗旨，弘扬时代的主旋律，必须铲除那些低级趣味，与我国精神文明建设相背离的腐朽的和落后的精神垃圾，用现代理念诠释更深入地把孝文化《董永与七仙女传说》《孟宗哭竹生笋》《黄香扇枕温衾》等传统文化故事传播到广大群众的茶余饭后日常生活中去。

　　（此文为围绕《繁荣群众文化，提升幸福指数——对孝感市公共文化服务体系建设路径与成效》主题所进行的前期调研稿）

大力加强文化市场管理
积极构建青少年健康成长的文化环境

在全面建成小康社会决胜阶段，党的十八大再次吹响了推动社会主义文化大发展大繁荣的嘹亮号角，提出了坚持走建设中国特色社会主义文化发展道路的重要战略目标。在这一时代背景下，蓬勃兴起的文化市场责无旁贷地承担着弘扬时代主旋律的历史责任和社会责任。从现实分析来看，当前文化市场在发挥积极社会效应的同时，也给广大青少年的健康成长带来一些不容忽视的负面影响，让文化"大市场"成为学校、家庭、社会抢夺青少年这支庞大生力军的"主战场"，经常受到社会诟病。这些现象和问题的存在，原因是多方面的，既有法规不健全、政策不配套和管理不到位的问题，也有重视不够、思想混乱和有法不依的问题，必须引起高度重视并下大力加以改善和解决。

一、当前文化市场的主要特征

一是运行模式侧重商业化。文化市场是文化商品、文化服务以及文化资源营销活动的领域和场所，是文化生产者、文化经营者和文化消费者之间为满足各自需求而发生各种经济关系的总和。"商业搭台，文化唱戏"。文化市场伴随着改革开放和经济建设的进程而兴起发展，并伴随影视、网络、娱乐、书刊、演出等形式出现。无论哪种表现形式，借助商业运作模式进行，并逐渐进入以规范提高为主题的新的发展时期。

二是发展过程不断规范化。进入新世纪，通过建设和规范文化市场，促进文化市场繁荣，一种新的市场发展格局正在形成，产业化发展的趋势日益凸现。文化市场法制建设得到逐步加强，中央和地方相应出台了娱乐、音像、书报刊三个市场的政策性法规，省、市、县三级文化市场管理和稽查执法队伍比较健全和逐步成熟。从总体上看，文化市场呈现出相对有序的繁荣发展态势，对拉动经济增长、拓宽就业渠道、优化投资环境、陶冶国民情操等方面都起到了积极的促进作用。

三是受众层面趋于年轻化。青少年处在长身体长知识阶段，人生观、世界观正在形成的过程中。他们求知欲强，对生动活泼、形象直观、赏心悦目的新鲜事物特别感兴趣。而文化市场以其形式多样、内容丰富、科技含量高、发展变化快和融知识性、娱乐性、趣味性、教育性于一体的特点，吸引着各个年龄层次的人群，尤其受到了越来越多青少年的喜爱、推崇、追捧甚至效仿。青少年已成为文化市场最大的参与和消费群体之一。

二、文化市场对青少年的主要负面影响

我国文化市场的迅速发展是顺应历史变革的产物，它的积极因素和作用是占据着首要地位的，特别是文化市场中文化艺术观赏和文化娱乐活动对广大青少年所具有的特殊吸引力、感染力和潜移默化作用，更是不可取代、不容忽视的。然而，文化市场在百花齐放的同时，也伴随着良莠不齐的现象。如果对文化市场缺乏有力监管和正确引导，势必对青少年健康成长产生负面影响，严重的甚至会诱使其走上违法犯罪道路。通过调查分析来看，当前文化市场的"莠文化"对青少年的影响主要表现在以下几方面：

（一）网络文化市场表现最为活跃。有资料显示，截至2012年底，我国网民规模达5.64亿，互联网普及率达42.1%，手机上网用户比增至74.5%。网络文化市场之大，青少年无疑是其中最庞大的一支主力军。网络是目前文化市场领域对青少年吸引力最大、争议最多、社会反映最强烈的方面。调查发现，青少年通过上网玩网络或非网络游戏、涉猎新奇图文音像、订阅电子出版物的占65%，网上看电影、看电视剧、听音乐、聊天、跟帖、查资

料、看新闻、发邮件、下载图片或铃声等的约为35%。国务院《互联网上网服务营业场所管理条例》明确规定，网吧等互联网上网服务营业场所不得接纳青少年，不得通宵、包夜营业，不得提供反动、黄色、淫秽网站。但利益的驱动往往让少数不法分子见利忘义、知法犯法，不但接纳、容留青少年，还利用青少年辨别控制能力差、爱寻求刺激等特点，向他们提供网上博彩和反动、黄色、淫秽网站服务，少数青少年经不住诱惑，最终走上违法犯罪道路。

（二）娱乐文化市场不良诱因较多。歌舞娱乐场所是相对缺乏规范管理的文化市场一角。在一些地方的娱乐市场中，吸毒贩毒、卖淫嫖娼等社会丑恶现象屡屡存在，屡禁不绝，少数经营者知法犯法，把目光盯上青少年消费群体。青少年一旦进入这类娱乐场所，很容易在灯红酒绿环境下失去自我，沉醉其中，迷失方向，甚至走上违法犯罪道路。电子游戏经营场所也是很多青少年乐于光顾的地方。一些电子游戏经营业主违反国务院《娱乐场所管理条例》规定，不分时段接纳容留未成年人，使之沉迷游戏，寻求刺激，参与赌博，身心颓废，偏离正常的人生轨道。

（三）音像文化市场冲击最为直接。音像制品直观生动、形象具体，具有传播速度快、更新变化多、视觉冲击力强的特点，易于复制、传递、携带、隐藏和观看。根据市场调查来看，当前音像文化市场中盗版制品不在少数，传播手段越来越多，一些暴力、色情、淫秽甚至反动的音像制品对青少年具有极大的诱惑和危害。青少年一旦接触这些自认为"新奇"的图片、影像往往难以回避和抵制，由起初的羞涩好奇到逐渐沉迷、盲目效仿，由视觉上的冲击到精神和感官上寻求刺激，不仅严重危害他们身心，甚至成为他们走向危害社会歧路的诱因之一。

（四）**演出文化市场充满极大诱惑**。据调查，在演出市场特别是一些大型演出活动中，一度泛滥的"捧腕""炒星"现象，使"追星族"的大批出现，导致了一些青少年价值取向迷失，造成人格和精神上的裂变。这种现象近年来有所减弱，但随时可能沉潭泛起。部分地区、部分人员违法诱使青少年从事营业性演出活动，通过庸俗、低俗、粗俗、媚俗的演出方式和内容"博眼球""博出位"。更有甚者，恐怖、暴力、血腥、色情表演在一些地区、一些场所时有抬头，给社会风气带来"雾霾"，对青少年危害极大。

三、对构建有利于青少年健康成长文化环境的对策建议

文化是一个民族的精神和灵魂，青少年则是这个民族的花朵和未来。加强和改进青少年思想道德建设，保护和促进青少年健康成长，是事关国家民族前途命运的大事，也是一项社会系统工程。我们要坚决贯彻党中央提出的一手抓繁荣、一手抓管理的方针，努力推出更多洋溢时代精神的艺术精品，不断加强和改进管理，更好地发挥文化市场对青少年的积极影响。

（一）切实加强组织领导，确确实实将文化市场管理列入重要议事日程。事实证明，一个地区党政主要领导同志对文化市场管理工作的重视程度，对文化市场上存在的问题的看法与态度，和那个地区整个文化市场的管理状况有着至关重要的关系。因此，应当明确各级党政领导同志在文化市场管理方面的领导责任，并把本地区文化市场管理工作的好坏、文化市场出现问题的多少作为考核各级党政领导干部的标准之一，以督促他们切实把加强和改进文化市场管理工作摆上重要议事日程。只要领导重视到位，就能更好地形成良好的文化大气候，让青少年拥有健康成长的文化大环境。

（二）深入落实文化政策，不断加大有利于青少年健康成长的文化投入。中共十八大强调指出，要坚持把社会效益放在首位、社会效益和经济效益相统一，推动文化事业全面繁荣、文化产业快速发展，保证中国特色社会主义文化持续、健康、快速发展。落实文化经济政策，坚持文化事业的公益性、基本性、均等性和便利性原则，加快建立覆盖广泛的公共文化服务体系，推广重点文化惠民工程；加大对农村和欠发达地区文化建设的帮扶力度，重点保障城乡青少年的基本文化权益；积极开展群众性文化活动，提高青少年乃至全民科学文化素养；发展格调健康、积极向上的网络文化，让广大青少年在先进网络文化中学习、娱乐、健康成长。

（三）**高度重视文艺创作，筛选出更多适合广大青少年欣赏的优秀作品。**按照弘扬主旋律、坚持多样化的要求大力繁荣文艺创作，推进越来越多的思想艺术性强又能雅俗共赏的文艺作品，特别是适合广大青少年欣赏的优秀作品，并在其物化形态上精心制作，切实增强文艺作品的传播力、影响力、吸引力和市场竞争力，从而使这些真正能用美好理想和情操哺育青少年成长的精神产品和艺术活动真正成为文化市场上的主旋律。对优秀少年儿童文艺作品的创作、拍摄、演出，经济上要实行倾斜政策。

（四）**严格依法科学管理，最大限度消除不良文化对青少年的负面影响。**一要完善法制。严格执行《未成年人保护法》《预防未成年人犯罪法》等法律法规，结合实际进一步完善、细化文化法规和文化经济政策，并不断总结实践经验，使其臻于完善。使之更具操作性。二要深化改革。积极推动文化领域综合执法改革，切实改善文化市场稽查执法队伍的执法设备和执法条件，整合执法资源，优化执法队伍，提高执法效率。三要严格执法。从根本上解决有法不依和执法不严的问题，特别是对涉及青少年案件的违法犯罪分子必须坚决依法打击，充分发挥法律的威慑力。

（五）充分整合社会力量，形成全社会重视青少年健康成长的良好氛围。加强有利于青少年健康成长的文化环境建设是需要举全社会之力的一项系统工程、长期任务和经常性工作。一要充分利用家庭、社区、学校、网络、新闻媒体等渠道广泛宣传青少年保护法律法规，不断增强全社会的公共道德意识和社会责任意识；二要充分整合地方党委、政府、群团组织等职能部门和学校、家庭、社区等社会单元的力量，分工协作，形成合力；三要充分挖掘潜能，发挥好社会各层面的积极性、主动性和创造性，让不良文化没有市场，努力为青少年营造积极向上、健康成长的良好社会环境。

（发表于 2013 年 4 月 15 日《孝感日报》文艺理论副刊）

对青少年文化环境综合治理的思考

在我市积极贯彻学习中共十八大精神，切实改进工作作风，积极响应市委、市政府关于"解放思想大讨论"活动开展以来，全市广大干部群众以及关心孝感、亲近孝感、热爱孝感有识之士，围绕解决制约孝感科学发展、跨越式发展的思想障碍等问题，踊跃献策、大胆建言，形成了学习别人好的经验的良好风气、探索学习别人好的做法的优良传统。今年以来，文体新局认真落实市委、市政府"创文明城市、树文明新风"和市综治委关于综治工作各项重大部署，明确提出今年综治工作争先创优目标，全力推进文体新系统内部安全防控体系建设，进一步强化文化新闻出版市场管理，坚持开展"扫黄打非"工作，重点突出"网吧"监督和管理，不断优化青少年健康成长的社会文化环境，取得明显成效。现就履行综治分工职责的情况作以简述、报告如下。

一、明确任务目标，强化领导责任。文体新局党组高度重视综治工作，从建立机构、强化职责入手，进一步明确了本局综治领导小组成员的职责和分工，确定了局综治工作责任科室和专（兼）职干部、信息员。局长办公会多次专题研究和部署综治工作，而且还召开全体机关干部和下属单位主要负责人大会，安排部署综治工作。强化对抓好综治工作重要意义、工作重点和目标任务等问题的认识，提高自觉性，增强责任感，形成了主要领导负总责，分管领导负专责，具体工作人员负全责的综治工作体系。层层签订了综治目标责任书，将综治工作纳入了对市直文体新单位、县市区文体局的年终考核中。特别是注意统筹兼顾，在安排文体市场和新闻出版市场管理工作时，必把综治工作纳入其中。与全局工作做到同布置、同检查、同落实，分管领导重点负责，内部职能部门齐抓共管，不断加大市场监管力度，整体推进综治工作向纵深发展。

二、加大宣传力度，营造舆论氛围。多年来，文体新局坚持举办各类法制宣传活动，利用各种生动活泼的形式，向广大市民宣传文化体育和新闻出版的法律法规，收到较好的效果。孝感文体新局、文化市场稽查支队一同作战，结合有效积极地突破以往惯例，全市非法出版物销毁暨音像制品法制宣传周活动在市体育中心举行，共销毁 6.4 万盘盗版光碟、非法图书 9000 册，赌机 22 台及 150 块电路板，分管副市长等领导亲临现场参加活动，孝感各报纸电视媒体都进行了报道。在 2012 年 6 月中旬，文体新局参加了市直安全生产日宣传活动，通过展示宣传牌、悬挂横幅、发放宣传资料、现场解答群众提问等形式，向社会进行了公共文化场所消防安全法规知识的宣传。从 7 月初开始，又展开了为期 2 个半月的暑期文体新闻出版市场集中整治行动。文体新局与移动、联通等企业合作，向全市约 194 万手机用户群发了"关注未成年人身心健康，远离营业性网吧，让暑期生活充满阳光!"等多条短信，同时通过《孝感日报》《孝感晚报》刊发了《致全市中小学生及家长的公开信》。还利用市广播电台《法制在线》栏目，局主要领导坚持上线，一方面进行文体新市场管理的法制宣传，以利民、便民、服务于民积极引导广大人民群众增强法律意识，增进与民众之间的相互交流及亲和力和信任度、满意度;另一方面面对面回答听众提出的问题，扩大了宣传面。

三、狠抓市场管理，坚持多措并举。开展文体新市场专项整顿治理工作，是规范和整顿文体新市场秩序的重要措施之一。去年上半年，我们有计划、有重点、分阶段共组织全市开展"扫黄打非"、网吧市场、音像市场、娱乐市场、出版物市场和学校周边环境综合治理等大型集中行动 36 余次，出动检查人员 2300 多人次，检查各类经营场所 6400 多家（次），查缴了一批非法书报刊、非法音像制品、盗版软件，处罚了违规文化经营案件 28 件，办结举报案件 9 起，结案率达 100%，与综治办、市公安局、工商局、城管局、教育局、信息产业局等单位开展联合执法 3 次。特别是在今年 1 月 4—6 日，市长滕刚、副市长王芳等领导视察了城区网吧、娱乐场所迎接"元旦春节"安全生产和消防安全，给我们文体新部门工作予以极大的重视和支持，我们深受鼓舞。与此同时，我局不断强化日常监管，发现问题及时纠正和处理。坚持了文体新市场"日周月季年"检查制度，局主要领导每季带队巡查一次文体新市场，分管领导每月巡查一次，科长、支队长、大队长每周巡查市场，稽查队路段承包责任人每天巡查责任区 2 次，实行包片管理，奖惩兑现。集中整治与日常监管的落实使城区文体新市场保持了较好的经营秩序，违规经营逐步减少。

四、净化周边环境，呵护祖国花朵。"安全与幸福携手，平安与健康同行"。为了净化校园及周边环境，为青少年提供一个良好的学习氛围和生活环境，确保他们的身心健康，文明与美丽同行。2012 年以来，文体新局按照市综治委要求，深入开展了校园周边环境集中整治，不断规范网吧、娱乐场所及书报刊经营点经营秩序，取得了一些成效。在临近暑假之际，文体新局重点进行了校园周边环境综合治理，重点整治网吧、游戏厅接纳未成年

人，影响青少年身心健康的盗版音像、书刊等出版物，出动人员
236人次，车辆12台次，共清理校园周边地区的经营性网吧、电
子游戏厅、歌舞厅、音像书刊点563余家次；收缴对学生有害的
卡通漫画书、非法光盘、"口袋书""粗口歌"等非法出版物
1200余盘册。同时通过加强对经营业主的法制培训，提高他们自
觉守法守规意识。通过这些活动，有效地把整治工作落到实处，
从而有力的净化了学校的周边环境，规范了文体新市场，为广大
青少年的健康成长创造条件。

　　综治工作任务重，责任大，难度也大，通过全系统干部职工
的共同努力，文体新市场管理进一步规范，青少年健康成长的文
化环境进一步优化。我局连续11年被评为全省"扫黄打非"先
进单位和文化市场管理先进单位。当然，文体新市场中网吧管理
仍存在一些问题。今后我们将认真履行职责，继续加大工作力
度，不断改进工作方式方法，尽最大努力管好文体新市场，让各
级领导放心、让社会各界放心、让人民群众放心。建设美丽的卫
生型孝感，建设美丽的文明型孝感，建设强有力的文化强市，增
强全市广大人民群众文化创造活力。要不断积极地深化文化体制
改革，解放和发展文化生产力，发扬民主，为广大人民群众提供
广阔更便利的文化市场舞台。让一切文化创造源泉充分涌流、继
往开来，不断提升咱老百姓自身开创社区、军营、企事业全民族

文化创造活力持续迸发的热情、社会文化生活更加丰富多彩、人民基本文化权益得到更好保障、人民思想道德素质和科学文化素质全面提高，打造美丽的"湖北苏州"而不断增强开拓进取的新局面。名家接地气、百姓望星空；关山度若飞、鸟瞰俯冲崖。聚合多方人才造福社区百姓、打造品牌提升社区形象、引领社区群众正能量；高度重视和持续开展文明孝感城市创建工作，把文明城市创建融入工作的全过程；不断推进文明孝感城市创建工作的深度和广度，充分展示为民、务实、廉洁、高效的社会公共服务形象。让我们创新新理念、实现新要求；让城市多一点文明；让老百姓多一点满意；加强公共文化服务体系建设，努力满足人民群众的精神文化需求。与时俱进、继往开来、群策群力。创造美好的明天，以文化担当托起我们的"中国梦"。

（此文为笔者在局机关上派学习锻炼期间留存的研习稿，后在此基础上形成《大力加强文化市场管理，积极构建青少年健康成长的文化环境》一文发表）

浅析少儿音乐舞蹈兴趣培养

爱因斯坦说过，"兴趣是最好的老师"。只要少儿对舞蹈有了兴趣，就能把他们的积极性调动起来。在开展文化活动中创造美，让爱美、善良、纯真无邪的少儿插上理想的翅膀。培养少儿对舞蹈的兴趣，在音乐舞蹈教学领域中具有相当重要的地位，它不仅能促进少儿积极地参加各项音乐舞蹈活动，使他们认真地、娴熟地、自觉地学习领会，并系统地掌握音乐舞蹈，从而更好地接受再教育；同时也丰富了少儿的日常生活，也有效地扩大眼界，拓展思维。在发挥主导作用的同时也把孩子们放在了首要位置，使他们经常保持愉快、欢乐的情绪。

一、在教学过程中培养少儿学习兴趣

（一）讲清楚动作的要领，增强教学内容的趣味性

在教学过程中的，应该培养让少儿在"玩中学"在"学中

玩"，在快乐中学习舞蹈，在舞蹈中获得快乐。激发少儿对舞蹈、音乐的兴趣，老师不仅要用优美的舞姿和动听的音乐来感化少儿，而且在教一个动作时应尽量讲清楚动作的要领，使少儿理解动作，这样少儿就会很快地对舞蹈产生兴趣，少儿的注意力容易分散，又比较喜新厌旧，所以，在指导少儿学习舞蹈时，在基础训练阶段，必须要加强趣味性，教师与孩子共同做舞蹈游戏，排舞蹈小品，活跃孩子的学习气氛，丰富其想象力。如教他们一些有关美丽大自然的小舞蹈，《可爱的太阳》《树叶飘飘》《风吹大地》等其实这些舞蹈都来源于幼儿的生活以及周围熟悉的环境，因此他们很容易理解接受，经常利用短小、生动形象、动作性强的舞蹈来吸引少儿的兴趣，不仅使他们感到亲切可信，易学易记易模仿，而且也能为他们今后创作舞蹈动作打下基础。

（二）运用游戏的形式提高少儿学习舞蹈的兴趣

这样少儿不仅在愉快的游戏中分辨清楚而且舞蹈的兴趣会始终高涨，例如律动《小鸟飞》，与少儿分别扮演角色鸟妈妈和小鸟儿，用生动形象的语言，创设"蓝天白云"的意境："在一片蔚蓝的天空里，鸟妈妈带着小鸟们学飞。"少儿听着音乐，跟着有时学小鸟飞，有时学小鸟跳。在练习的过程中，看到某少儿手的动作不对就说："哎呀，我的小鸟怎么啦？翅膀抬不起来，飞不动了？"这时孩子就知道自己手的动作不对，很快就自觉改过来了。在整个教学的过程中，没有重点讲究高超的技能技巧，而是通过游戏与联想，使少儿身临其境，从中猎取情趣和美感。游戏不仅使少儿学会舞蹈，还大大提高了他们学习舞蹈的兴趣。

（三）注意寻找并选择适合少儿特点的教学方式

音乐是舞蹈的灵魂，少儿舞蹈中的音乐同样重要。一首好的少儿舞蹈音乐，它的旋律流畅、形象生动、乐句整齐、节奏鲜明，有利于少儿对舞蹈形象的掌握、情感的表达与抒发。每个动作都要选择适当的音乐伴奏，让少儿在舞蹈中寻找感觉、节奏和情绪。因为这些有音乐的动作形象，能使他们想起自己游戏的情景，感到舞蹈真美。用进行曲练习有节奏的走步，用快而轻的曲子练习跳跃，用柔和优美的舞曲练习双手的摆动等等。只要音乐与舞蹈动作相适应，符合少儿特点，就易于被少儿接受。因此，多层次的教学，让每个少儿在原有基础上都有提高，解决了全面发展和因材施教的关系，也进一步提高了少儿对学习的兴趣。

二、重视"情、目、神"与兴趣培养的关系

（一）以情动人——以舞蹈的情感激发儿童兴趣。实际上，境由心生、然舞蹈也自心生。舞蹈的本身就具有强烈的娱乐身心作用，无论观者或舞者，均能自娱于其中。舞蹈不是一系列动作的机械组合，而是通过动作来传情达意。所以，我们要启发孩子在领会舞蹈艺术的真谛，用心灵在表现动作，用动作释放心灵，释放思想。当孩子取得成绩时，我们要及时表扬鼓励孩子。在这个意义上说，儿童一样对美的事物有着自己的感知，不同的是：儿童的直观思维、洁尘不染的内心世界、涉世未深的眼睛注定其无法进行正确的审美活动。然而所有的一切都无法阻止他们对美的渴求。此时，教师便要发挥作用，突出一定的课题规范的基础上，让学生知道形体美学艺术的基本准则，舞蹈动作设计所依据的基本规律。通过启发，开阔少儿的思维能力，引导孩子们在学习舞蹈过程中构思规范，充分理解发挥想象力。由此看来，采取有效地措施进行诱导，从而激发他们的感情。这一系列的诱导活动，出现在教授舞蹈之前，由此来激发儿童强烈的思想感情，激发其对舞蹈浓烈的兴趣。通过学习，不但审美意识能力增强，还具有实用性。在注意培养真善美、注意培养内在的自身修养及外在多种元素综合适应社会各方面的要求，因此必须把功能效用和形体美感有机地结合在一起。

（二）眉目传情——注意眼神的训练。眼睛作为身体器官的部分，其作用不只是作为了解外部世界的一个媒介，仅仅把外部的所有信息反射入大脑，更重要的是反映内心世界的一面镜子，因此有"心灵窗户"之称。儿童对舞蹈形象的展示，仅仅处于模仿阶段。这种模仿是单纯的、单一的甚至是木讷的。实际上，对舞蹈动作的模仿，应该是一种再创造的过程，是二度创作。无论是动作、眼神或感情，均是舞者在舞蹈过程中加入了自己的情感元素，进而表达自己对舞蹈形象的理解。舞蹈教育者应该在平时的少儿舞蹈教育中，加以强化训练。常在舞蹈训练课的开始，对孩子们进行眼部表演的训练。利用一些少儿音乐创编了一个个专门针对眼部训练的小组合，这些音乐节奏明快、跳跃，正好用以进行眼睛、头部、手的和谐配合的练习，训练儿童眼睛的灵活性。

（三）*形神兼备——加强表情的训练*。作为一名观众，纵使无任何音乐，都可从舞者身上感受到舞者所表达的情感。如何使一个纯粹的舞蹈模仿者正确地表现出情感，这就要求教师本身先要成为一个成功的表演者，传神地演绎所要教授的每一个动作，在教授动作的同时教授表情，正确地告诉孩子们，如何将人的情感体验与艺术表现融合在一起。要让儿童认识到：舞蹈动作是为舞蹈主题服务的，而舞蹈的面部表情，则是为舞蹈的整个灵魂所服务的。少儿舞蹈教育，必须"以情动情"，然后才能"舞在其中"。学习舞蹈能使舞者神奇地赋予第二次生命，通过坚持不懈，不断学习的过程中培养学生热爱生活、观察生活、发现美、创造美的能力。

三、少儿毅力和耐力的训练与兴趣培养并存

（一）*激励少儿积极自信地参与舞蹈活动*。如果少儿很喜欢舞蹈兴趣，这份学习就成了愉快的"训练"。让他们在已有的知识经验基础上开始走进舞蹈，从最简单的、最基本的做起少儿能在参与的过程中充分享受各种形式的舞蹈活动，从中认识自己的能力，建立自信。

（二）让少儿在活动全过程体会到舞蹈的乐趣。实践证明，兴趣学习对少儿意志力、自信心、交往能力、自我认识能力、抗挫折能力、勇敢精神等个性品质的培养都有益处。如少儿扮各种小动物听音"找家"使刚步入舞蹈活动的幼儿，能在愉快的情绪中较轻松地找到舞蹈节奏。孩子产生的舞蹈节奏困难何在？然后以极大的耐心加以指导，"等待"少儿在一次次舞蹈活动过程中，通过自己的努力真正找对"家"。

（三）不要刻意把孩子的舞蹈活动设计得完美无瑕。他们在探索，创作过程中的东西必定是稚拙的，带有孩子气的，那才是孩子们自己的东西。这时教师的作用在于观察倾听他们的言行，正所谓"言为心声"。然后加以点拨，使少儿在学习舞蹈过程中不断提高。所谓"台上一分钟，台下十年功。"要想成功地去表演舞蹈必须不厌其烦地进行基本功的训练，要有不怕反复、宽容失误、允许重来的态度，这对少儿的毅力和耐力无疑是一种磨练。

四、少儿教材的创新是培养少儿舞蹈兴趣必不可少的环节

（一）选好教材。在培养少儿舞蹈的教学上，我们可以选用富于童趣、形象生动的教材，这样少儿会更加喜欢。少儿在初学舞蹈时，教师就应该注重对在教学中的规范性、专业性、科学性、创新性的培养，相比之下，培养少儿学习舞蹈的兴趣和积极性在这方面就相对滞后。

（二）科学施教。通过对少儿舞蹈素质的训练，以培养少儿的兴趣为出发点，提高少儿的综合能力为目标；在教学中不断地激发并强化学生的兴趣，并引起他们逐渐地将兴趣转化为稳定的学习动机，以使他们树立自信心，锻炼克服困难的意志，认识到自己学习上的优势和不足，乐于与他人合作，养成和谐，向上的品格。带给孩子亲切感的同时，强调加强少儿对自我的认识，激发少儿的主体参与意识，致使少儿对舞蹈产生浓厚的兴趣。

（三）兴趣为要。要使教材中所包含的素质能力训练通过潜移默化的方式传达到孩子的心中，打破传统教育中孩子的抵触心理，从而达到培养少儿学习舞蹈兴趣的目的。美来源于生活，生活也离不开美。构建公共文化服务体系，文明与幸福携手，和谐与美丽同行。少儿的不断创新精神与实践学习能力在观察与想象、创造与欣赏的审美过程中日渐得以提高，从而拓宽了少儿的艺术素养感染力。由此看来，培养兴趣爱好意识首当其冲，从而提升艺术修养境界。

（此文为初入市群众艺术馆少儿培训部工作时留存的研习稿）

让好的学习习惯伴随孩子快乐健康成长

任何时候，无论是学校的教育理念还是家庭的教育预期无不对孩子的学习、成长都特别重视。对孩子的教育和培养，应该从孩子的少儿教育阶段就要着力培养一个良好的学习习惯，使其充分认识到有了好习惯才会取得好的学习成绩，有了好的学习成绩才能在将来有一个好的人生。好习惯，应该成为伴随每个孩子健康成长的终身财富。作为一名群众文化工作者，我们的首要职责就是积极主动地为广大人民群众服务，不断摸索和总结有益于孩子们学习和成长的方法、经验。结合多年对孩子教育培养的实践和思考，现提出些许粗浅观点进行探讨。

首先，帮助孩子及时结合学习成绩进行分析

考试成绩出来后，最重要的是对各科试卷进行冷静的分析，做到"胜不骄，败不馁"。具体分析要采取以下三个步骤：第一步，做好丢分统计。第二步，分析丢分原因。要对每一个丢分点进行丢分原因分析。主要从六个方面进行分析：①知识点原因，是知识点漏掉了、遗忘了、还是没有真正理解；②知识结构原因，到底是知识散架了不够系统，还是知识打架了相互混淆了；③自身能力原因，究竟是审题能力提高不够，还是解题、答题能力有所欠缺；④考试心理，分析考前心理、临考心理还是考中心理；⑤考试技巧，考试安排、时间管理、做题技巧；⑥学习习惯，回顾一下有无粗心习惯、书写习惯等。第三步，针对不同的丢分原因，采取有效的改正措施。作为学生，一辈子是离不开考试的。只有养成了良好的考试习惯，才可以"百考不殆"。一个好学习习惯，能让人终身受益。

其次，引导孩子经常检查平时学习习惯

孩子平时的学习习惯对学习成绩和能力提高至关重要，对孩子良好的学习习惯及时加以引导和培养尤为迫切。一般来讲，应在日常学习中帮助孩子从以下九个方面予以反思，发现不良习惯必须循循善诱，及时纠正。

1. 没有计划学习的习惯。要么没计划，学习凭兴致，随心所欲；要么有计划落实不了，没有执行力。（一辈子瞎忙！）

2. 没有系统总结的习惯。前面学的，后面都忘了；只挑感兴趣的学习，有如生活上的偏食。（这样下去，怎样学好？）

3. 没有联系知识做题的习惯。盲目做题，不会做就着急，就放弃。（这样下去，做再多的题也没用！）

4. 作业不专心的习惯。作业时，一会喝水，一会吃东西，一会看看电脑，一会上厕所……（一心多用，一事无成！）

5. 作业拖拉畏难的习惯。放学拖到吃饭，吃饭拖到睡觉，甚至偷工减料！（人生拖拉，能做何事？）

6. 作业粗心马虎的习惯。本来是自己掌握的知识，不是看错了，就是算错了，甚至抄错了，丢三落四！（小事影响大局，细节决定成败！）

7. 没有检查改错的习惯。做完作业后就不管，或者指望家长检查。（这样怎能自知？自知者明啊！）

8. 没有查漏补缺的习惯。不会主动对以前所学知识进行查漏补缺。（漏洞不补，终生欠债，隐患无穷！）

9. 没有主动学的习惯。老师教就学，老师不教就不会。（现在知识爆炸时代，要老师教一辈子？）

第三，帮助孩子逐步养成十个好习惯

1. 以学为先。在孩子心目中，学习是正事，理应先于娱乐，一心向学，气定神闲，心无旁骛，全力以赴，忘我备战。

2. 随处学习。善用零碎时间，每天在晨跑中、吃饭时、课间、课前、休息前等零碎时间里记忆词语，背诵公式，破解疑难，调整情绪。无论怎样各具特色，有一点是一致的，保证学习时间，学会见缝插针利用好空余时间，日积月累，水滴石穿。

3. 讲究条理。将重要的学习用品和资料用书立或指向装好，分类存放，避免用时东翻西找。每天有天计划，每周有周计划，按计划有条不紊地做事，不一曝十寒。

4. 学会阅读。学会速读和精读，提高单位阅读量。学会读一本书或者一个单元的目录、图解和插图，提前了解内容，获取有效信息。当积极的阅读者，不断地提问，直到弄懂字里行间的全部信息为止，特别要弄懂知识的起点和终点，梳理好知识要点。

5. 合理安排。该做啥时就做啥，在合理的时候做合理的事情，不背道而驰。比如抓课堂效率，当堂听，当堂记，当堂理解，不理解的话课下或者当天找时间主动找老师请教，做到堂堂清。比如利用好时间，勉励自己完成当天的学习任务，做到日日清。比如能够劳逸结合，张弛有度，动静相宜。比如坚持紧跟老师步伐复习，不误入歧途。比如坚持勤睁眼常开口，对课本上的东西多看，对未懂的内容能多问。

6. 善做笔记。尖子生往往一边听课一边记重点，不是事无巨细全盘记录，特别善于记下老师补充的东西，课本上没有的东西特别是思维方法更要认真记录。能及时整理笔记，对老师强调的重要知识点格外注意，特别注意让知识系统化，积极思考能解决什么问题。

7. 作业规范。认真审题，冷静应答，把每次作业当作高考，作业工整，步骤齐全，术语规范，表述严谨。规范不仅训练仔细认真品质，更能养成细心用心习惯，从而激发学习潜能。

8. 勤于思考，善于思考。这一条是重中之重，应贯穿于听课、做作业、复习等各个阶段。比如：做完一道题后，要对答案，这里应有一个反思的过程，要弄清这道题考的是什么，用了哪些方法，为什么用这样的方法，怎样才能达到举一反三、触类旁通的效果。

9. 学习互助。与同学开心地相处，遇事不斤斤计较，宽容豁达；珍视同学间的友谊，在学习中互相支持和帮助，经常一起讨论学习中的问题，使用不同的解题方法并相互交流心得。有了这种和谐的同学关系，才能全身心地投入到学习中，从而保持较高的学习效率。

10. 自我调整。不回避困难和问题，学习上遇到困难和问题能通过找老师或者同学或者自我反思进行自我调节，摒弃外界和自身的压力，自觉地放下思想包袱，化压力为动力，不管是课业繁重还是轻松顺利时，都保持一颗平常心。不断地对自己进行积极的心理暗示，在这样不断的积极心理暗示下，信心值就不断上升，从一点信心都没有逐渐到有了坚强的不可动摇的信心，通过努力，去想了、去做了。

第四，帮助孩子慢慢养成良好生活习惯

俗话说，习惯成自然，习惯久成习性。好的生活习惯对孩子的学习也有着非常重要的影响。教育家叶圣陶先生说过："什么是教育？简单一句话，就是要养成良好习惯。"那么，哪些是良好的习惯呢？

1. 自己的事情自己做—养成独立自主的习惯。摆脱依赖的不良习惯，从家务劳动做起，只有责任才能让自己长大。

2. 人无礼则不生—养成文明礼貌的习惯。讲文明礼貌，用品质和自我修养提升自己的气质，做一个受欢迎的人。

3. 别为说谎找借口—养成诚实守信的习惯。从遵守纪律做起，勇于承认自己的过错，养成信守诺言的好习惯。

4. 告诉自己，我最棒—养成自信乐观的习惯。将自卑的心理从自己身上赶走，始终相信自己是最棒的，让乐观伴随自己成长。

5. 重视每一秒钟的作用—养成珍惜时间学习。协调好游戏与学习的时间安排，改变自己的拖延行为，做时间的主人。

6. 百炼才能成钢—养成坚忍执着的习惯。克服自己懒散的不良习惯，敢于直面挑战，在挫折中前进。

7. 控制了自己才能控制未来—养成自律自制的习惯。远离各种不良的诱惑，每天进行自我反省，做一个能够征服自己的人。

8. 用知识创造明天—养成热爱学习的习惯。享受学习的快乐，将知识转化为智慧，养成乐于读书的好习惯。

9. 自己的天赋—养成善于思考的习惯。学会不断积累，留住自己的奇思妙想，增强思考的信念和能力。

10. 善待身边所有的人—养成合群友善的习惯。学会尊重他人，对人要友善随和，克服自我封闭的不良习惯。

11. 百善孝为先—养成孝顺父母的习惯。孝顺父母是最基本的美德，主动与父母谈心，让彼此尊重，超越代沟。

12. 勤俭是立世之本—养成勤劳节俭的习惯。勤奋比聪明更重要，节俭是一生用不尽的美德，在花钱的时候领悟财富的真谛。

有一位哲人说过，一个人走入社会以后，将大学学到的知识都忘了，最后剩下的最有用的就是习惯。所以为了我们的孩子能够很好的学以致用，如果有了好习惯才会有好的学习，那样才能予之受益一生。

（此文为笔者初入市群众艺术馆少儿培训部工作时留存的研习稿）

母亲对孩子的学习影响与常见问题分析

　　俗话说，父母是孩子的第一任老师。单从母亲这个重要角色来说，从对孩子的启蒙教育开始，由其日常行为习惯、语言表达方式、综合知识素养等树立的形象，包括日常教育管理、情感沟通、家庭氛围等，无一不影响着孩子的学习习惯乃至漫长的人生道路。

　　教育孩子，一定要讲究方法。每位母亲都希望自己的孩子成才，都尽其所能地教育自己的孩子。然而，为什么有的孩子能出类拔萃，而有的孩子却非常平庸？同样是孩子，差别为什么如此之大？其实，造成差别的原因很简——很大程度上与是否采用正确的教育引导的方式方法有关。比如，当孩子为自己的错误行为进行辩解时，最有效的教育方法往往是暂时的沉默；妈妈的适当沉默，不仅能够给予孩子足够的反思时间，更是对孩子这种错误行为的一种校正。尊重孩子的本性，充分利用孩子的需要，正确引导，让他们懂得公平、懂得索取与付出的关系，帮助他们成长。孩子犯错误的过程是不断改正错误、获得正确认识的过程，要允许孩子犯某些错，但纠正问题要及时。假如不给孩子机会，而是一味地帮他或严声怒骂地制止，非但剥夺了孩子寻求正确方法的乐趣，也会使孩子变成懒于动手、不敢尝试、习惯依赖的人。做孩子最好的榜样，孩子的年龄越小，榜样的感染力就越大。

根据自己体会，母亲的教育引导和沟通方式，涉及孩子的心理、习惯、个性、学习、交流等多个方面。当妈妈不断给孩子提出建议，让孩子带着积极性去学习时，孩子就很容易接受并很快理清自己的思路，从而形成自己的愿望和需要，在常见的学习习惯上要不断克服下述问题：

一、学习没计划。①书包不整理，学习没条理；②明天、下周课程不知道；③除了课堂布置的作业，自己从来不知道要干什么。

二、考试急抓瞎。①不提前复习；②没有掌握复习方法；③考试心理紧张；④考试技巧缺乏；⑤审题不仔细。

三、学习不主动。①不愿意预习功课；②不能带着问题进课堂；③作业应付式；④先玩后赶，如沉迷电视、游戏，磨蹭很长时间再去做作业；⑤总是拖拉。

四、注意力分散。①多动症、假性"多动症"；②总忘了该注意什么；③容易受环境干扰影响；④没有时间意识；⑤怕妈妈唠叨；⑥记得快也忘得快。

五、遇难就放弃。①知识方面欠债太多；②审题稍遇到困难就抓瞎；③不善于寻求解题思路和方法；④不习惯于开动脑筋；⑤长期形成畏难情绪。

六、不习惯检查。①作业后不检查；②有错情发展不了；③即便改过错下次也仍犯；④对检查出的错误不能举一反三；⑤没有对知识深层去想。

七、不善于分析。①不会分析症结；②不会对比、归类、总结成体系；③考后不分析得分点和失分点；④对知识难点造成的失分不统计，很少分析原因。

八、成绩波动大。①认为成绩好就是运气好；②平时看起来也很认真，但就是考试成绩忽上忽下；③成绩随着兴趣起落；④成绩随着妈妈脸色而阴晴。

教育家叶圣陶先生说过："什么是教育？简单一句话，就是要养成良好习惯。"好习惯好学习好人生——让"三好"成为伴随孩子健康成长的终身财富，让我们大家共同努力共建和谐社会传播正能量而出一份力。因此，好的生活习惯对孩子的学习也有着非常重要的影响。而这一影响，从很大程度上取决于妈妈这个"第一老师"。

　　总而言之，母亲要特别重视自身榜样的力量。平时不能一味抱怨自己的孩子不听话，行为得不到约束，在对孩子的行为进行必要约束时千万不能茫然，缺少具体的方法和措施。很多妈妈对此已经掌握了自己的"秘密武器"，这就是在营造好家庭环境的同时，与孩子"约法三章"——即约定和承诺，这也是行为学家提出的"行为契约"。有效的行为契约可以引发孩子良好的行为，并提供一股股外力，促使孩子改变不良行为，逐步学会自我控制，在快乐中学习，在学习中健康成长。

　　（此文为笔者初入市群众艺术馆少儿培训部工作时留存的研习稿）

建市 20 年来群众艺术工作的调查报告

孝感是全国唯一以"孝"命名、因"孝"传名的城市,是著名的孝道之都、孝子之乡和孝文化名城。孝文化在孝感源远流长,具有深厚的土壤和根基,积淀着大量宝贵的孝文化人文景观和承载孝道的物质资源,衍生着以孝道为行为取向的思想观念、文化精华,成为中国孝文化的重要组成部分和社会道德典范,因而成为中华孝文化的发源地之一。1993 年 4 月孝感建市以来,孝感市群众艺术馆紧紧围绕"孝文化"这一主题,在历史的传承中与时俱进、改革创新,广泛开展群众文化艺术活动,推动全市文化建设不断向前发展。

一、追根溯源,完成了对孝感文化历史的发掘和整理

(一)历史沿革

孝感市历史悠久、源远流长,是我国开发较早的地区之一。

据考证，早在 5000 多年前，这里就有人类活动。在 3000 多年前
的奴隶社会时期，已形成了强大的荆楚部落。夏商时属古荆州之
域，周代大部分属郧国地，春秋时属楚，战国晚期楚置安陆县，
秦统一后安陆县属南郡；汉分南郡置江夏郡（治所在今云梦县东
南），辖安陆、西陵、等 14 县；三国时为魏吴边邑，初属魏，后
属吴江夏郡；南北朝时社会动荡，大量人口涌入，使本地得到开
发。刘宋初，孝武帝孝建元年（公元 454 年），将安陆县东境分
割置孝昌县（今孝南、孝昌）、南境分割置应城县；梁武帝天监
元年（公元 502 年），又在南境汉江之滨置甑山县（今汉川）；西
魏大统十六年（公元 550 年），再分割安陆南境置云梦县；公元
1933 年，割孝感、黄陂、黄安、罗山 4 县接壤区域置礼山县（今
大悟）。

　　刘宋孝武帝时，为施政管辖之便，于公元 454 年，分江夏郡
立安陆郡，郡治在今安陆；唐代改称安州；北宋末年升安州为德
安府，后至元明清代，行政区划范围基本没变。公元 1912 年，中
华民国成立，废府设道，辖区属江汉道。1927 年废道，1932 年设
行政督察区，孝感、安陆、云梦、应城属第五行政督察区（后改
称第三区），大悟属第四区，汉川属第六区。在鄂豫边区苏维埃
政权时期，从 1931 年起，先后划分为陂孝北县、安应县、云孝
县、汉孝陂县、礼山县。

　　孝感因孝子众多而得名。西汉时"卖身葬父"的董永，东汉时"扇枕温衾"的黄香，三国时"哭竹生笋"的孟宗等三大孝子故事，被载入元代成书且流传很广的《二十四孝》之中。孝感地名可溯源至公元454年，南朝宋文帝刘义隆的大儿子刘邵杀父篡位，第三子刘骏以行孝之名讨伐其兄，夺得帝位后，大力提倡"以孝治天下"又因有感于当时安陆县东部一带孝风昌行，孝子甚多，将此地单独建县，取名为孝昌。西魏大统十六年（公元550年），改孝昌县为岳州郡。隋开皇三年（公元583年），复置孝昌县。到了五代后唐同光二年（公元924年），庄宗李存勖为避其祖父李国昌名讳，改孝昌为孝感。在民间则有董永卖身葬父行孝感天、七仙女下凡与之婚配而取名孝感的说法。董永系汉代人，"天仙配"故事发生在孝昌建县前200多年，或许对县名形成产生一定影响，至于后唐庄宗改孝昌为孝感是否与此传说有关，还有待考证。不过从孝感地域在流传久远的二十四孝中占有三孝，其地名与孝子多有关的说法是有一定依据的。

　　随着近代交通条件的迅速发展，孝感逐渐成了重要枢纽。1905年（光绪三十一年），平汉铁路汉口至黄河南段通车，经过孝感县境；1928年襄（阳）花（园）公路和1934年汉（口）宜（昌）公路通车，均经过孝感境内，孝感逐渐取代德安府成为本地区行政、经济中心。民国时期，国民政府根据鄂东北经济与军事重要地位，把孝感定为湖北省唯一一个实施行政和经济建设的"实验县"。1949 年 5 月，孝感所属各县全境解放。1949 年 4 月，中共中央中原局、中原临时人民政府和湖北省委、省人民政府决定，在礼山县河口镇成立中共湖北省孝感地方委员会（简称孝感地委）、孝感行政区专员公署（简称孝感专署）。自此至 2000 年 7 月，其辖区经历了 8 次变更，境内行政区域也经历了多次调整。

　　1949 年 5 月至 1951 年 6 月，辖孝感（今孝南、孝昌）、礼山（今大悟）、应山（今广水）、安陆、云梦、应城、黄陂、黄安（今红安）、随县（今曾都、随县）等 9 县。1951 年 6 月，原属沔阳专署管辖的汉川、汉阳两县划归孝感专署，同时设立应城矿区人民政府（县级）。1951 年 7 月，黄安划属黄冈专署管辖，随县划属襄阳专署管辖，此时孝感所辖县级政府 10 个。1952 年 1 月，原属大冶专署管辖的咸宁、武昌、蒲圻、嘉鱼、崇阳、通山、通城等江南 7 县划归孝感专署管辖，1952 年 8 月，撤销应城矿区人民政府。此间孝感共辖 16 个县。1959 年 12 月专署撤销，所属 16 个县并入武汉市。1961 年 4 月，地市分治，武汉市将原孝感所辖 16 个县划归孝感。1965 年 7 月，将江南 7 县划交新设置的咸宁专署。1970 年，专署改地区。1975 年 12 月汉阳划归武汉市。1983 年 8 月，黄陂划归武汉市。至此孝感地区辖孝感、大悟、应山、安陆、云梦、应城、汉川等 7 个县。1983 年 8 月，撤销孝感县，设孝感市；1986年6月，撤销应城县，设应城市；1987年9月，撤销安陆县，设安陆市；1988年12月撤销应山县，设广水市。至此孝感地区管辖4市3县。1993年4月10日，国务院批准，撤销孝感地区，设立地级孝感市，同时撤销原县级孝感市，设孝昌县和孝南区。1997年3月，撤销汉川县，设汉川市。2000年7月，广水划归随州。至此孝感市辖3市3县1区。

（二）行政区划

现直辖孝南区，领导大悟、云梦、孝昌3县，代管汉川、应城、安陆3市。全市现有107个行政建制的乡镇场街，2978个村（居）民委员会，23247个村民小组。

（三）人口资源

据公安部门统计，2011年末全市户籍总人口528.91万人，全年出生人口5.81万人，出生率为11‰；死亡人口5.34万人，死亡率为10.1‰，人口自然增长率0.90‰。其中，性别构成：男性占52.17%；女性占47.83%；民族构成：汉族占99.92%；各少数民族人口占0.08%；城乡构成：城镇人口占38.5%；乡村人口占61.5%；全市人口密度为：586人/平方公里；孝感市区常住人口33.3万人；全市农村劳动力资源总量161.6万人，其中男性占48.5%；女性占51.5%（2006年普查数）；全年全市农村外出务工111万人；全市人口平均寿命74.1岁；全市老年人口55.4

万人，占总人口的 10.5%。

（四）地域民俗

孝感楚剧。孝感是楚剧（黄孝花鼓）发源地之一。早在清代中叶，孝感的戏剧艺术已开始形成春苗破土、百花待放的初盛局面。清嘉庆年间（1796—1820），邑贡生严石舫即根据董永与七仙女的故事，编演了杂剧《天孙锦》。道光壬午（1822）科举人沈祥祖曾在《邑中杂咏》诗中对此给予了高度评价：“不信仙人夜渡河，都将秩事艳金梭，普成一曲《天孙锦》，足抵阳春白雪歌。”（见光绪《县志》卷十二）。1830 年前后，孝感农村即出现了许多清戏、弹戏（汉戏）、东流戏、黄孝花鼓等戏的灯班。楚剧的早期演出形式是清唱，一班有三五人就行了，演员兼打击乐，打击乐兼促腔。服装简易，多借新娘的新衣新裙新褂，化妆也只是搽点官粉，打点胭脂，头上用青纱一包，这就是花鼓戏楚剧的旦角不叫旦角、而称“包头”的由来。这种现象一直延续到建国前期（主要在农村是如此）。十八世纪末期，戏班开始进城，班子也相应扩大，一般是六七人、八九人，故有“七紧八松九偷闲”之说。这一时期的演出剧目多为生活折子戏，故称之为“十八个半本”。十九世纪初叶，花鼓戏在城市站稳了脚跟后，受兄弟戏剧的影响和帮助，班子扩大了，有的有演职工 40 余人，名角也较多，有了胡琴伴奏、服装化装，舞台彻末也逐渐向汉剧、京剧等大剧种靠拢，剧目也增加多了，多以"本头戏"为主，以后发展到连台戏、武打戏。楚剧从 1926 年定名以来，已有 60 余年，孝感是楚剧的发源地之一，仍有一股不息的楚剧艺术之脉在涌动和流淌。它不仅云集了一批享誉楚剧舞台的老一辈艺术家，也团结了一批来自各行各业的楚剧艺术的热爱者和守护者。积淀着不同地域、不同民族智慧，在岁月磨砺中形成的传统艺术民间文化，也不再仅仅是一种形式，更是一笔弥足珍贵的文化遗产，正是它们构成了纷繁多姿和绚丽多彩的人类文化和精神世界。

杨店龙灯。孝南区杨店镇号称龙灯之乡，全镇有 126 条龙灯，数量不能增加，也不能减少，也不许随意转让，都由各自的头人掌管。玩灯的规矩保留了先人的传统，龙灯拜年的路线、时间和顺序都是固定的。杨店玩龙灯一般分为"闹龙灯""扎龙灯""请龙灯""龙开光""练灯""会灯""迎灯""拜灯""送灯"。初三过后，有龙灯的湾就开始打锣敲鼓，这叫"闹龙灯"；在初五、初六将龙头、龙尾的架子送到当地的纸扎铺扎制，这叫"扎龙灯"；正月初十左右将已扎好的龙头运回家，这叫"请灯"；正月十一晚上摆上供设盘，焚香燃烛，给龙狮点睛，这时的龙狮才有灵性，这叫"开光"；正月十二是"练灯"，大清早，人们把龙灯从屋里请出，年轻人开始演练。杨店舞龙者，多为湾子里面的年轻人，也不乏刚刚长大还没有成人的大小孩。锣鼓喧天，全湾出动，先到本湾的祠堂或者寺庙里面去朝拜敬香，这叫"上小庙"；正月十三，全湾出动，去这个地方共敬的寺庙或者共认的先祖之地朝拜敬香，这叫"上大庙"；中午所有龙灯按顺序先去杨店镇上的"天符庙"集合朝拜敬香，然后去侯家庙相会朝拜敬香，轮番比试。侯家庙为总庙，当地的龙灯都要来侯家庙朝拜，也是玩龙灯的最高潮，100多条龙灯一字排开非常壮观，旌旗招展、锣鼓喧天，门前人山人海，鞭炮的硝烟弥漫在上空，锣鼓声、鞭炮声也如煮粥般的爆响，朝拜敬香后各自回湾子，晚上是"迎灯"，家家户户把香案放在门前，点亮的龙灯逐户拜年；正月十四是"拜灯"，村子、湾子之间相互拜，各村、湾的龙灯和狮子在村、湾前迎候。从正月十二一直玩到十五，每天都玩，白天叫"游灯"，晚上到各家名为"贺彩"。正月十五早上镇附近的龙灯又会集到"天符庙"，朝拜后去夏家寨、张家湾，下午3点左右拜完王家湾后，回各自的地方晚上"送灯"，也称"灿灯""龙升天"。深夜十一点以后，各家男女老幼点上香烛，围成圆圈，围聚在一起点上一堆篝火，也有的地方一字排开。由头人将龙灯的眼睛和舌头取下放入火里，意喻龙升天，祈求风调雨顺，五谷丰登。然后将龙灯头尾放在熊熊大火中翻滚，这叫"灿灯"；唯有夏家寨是在正月十六晚上"灿灯"。到了正月十六，上次的大小头人与下次的大小头人举行交接仪式，农村称为"干当"

会，这一年的灯会就此才算正式结束了。各村头人轮流做，各村子轮流时间不一样，一般是五年一轮回。

民间歌谣。分为劳动歌、生活歌、情歌、历史传说、时政歌、儿歌、杂歌等八大类。孝感北部属丘陵地区，人们多种旱地，育茶植果，养蜂喂蚕等；南部属平原之乡，人们多种水稻，采莲藕，捞鱼虾。地理环境、生产方式、经济基础和人们文化素质、生活习俗的不同，产生和形成我市山区、水乡民俗歌谣性质上的差异。北部大悟、安陆及部分山地，以山歌、采茶歌、情歌、打麦号子、搬运号子、榨油号子以及重大喜庆时表演"彩船""推车""亮花鼓"等民间舞蹈演唱的灯歌较为丰富；南部汉川、应城、云梦、安陆及部分水乡，则以田歌、硪歌、渔歌、灯歌、水调和工匠歌等最具特色。

民间舞蹈。在我市普遍流传的种类形式有龙舞、狮舞、灯舞，还有部分地方的高跷（西河高跷）、祭祀舞等。

民间故事。在我市流传的种类形式有神话、传说（人物传说、史实传说、地方传说、动植物传说、土特产传说、风俗传说等）、故事（幻想故事、动物故事、生活故事、机智人物故事、诗联故事、寓言、笑话等）。这些非物质文化遗产在民间广为流传，具有深厚的群众基础，与群众的生活息息相关，它们在孝感民众中世代传承，发挥着巨大的作用。

非物质文化遗产。非物质文化遗产概念渊源于人类口头和非
物质遗产，从 2003 年联合国教科文组织颁布《非物质文化遗产》
迄今十年间，作为独立的词语使用还是一个全新的概念。关于
"非物质文化遗产"的界定，目前学术界还没有一个完全统一的
定论。"十里不通风，百里不同俗，千里不同情"，相隔十里的两
地，人们有着不同的生活风气；相隔百里的异域，人们有着不同
的生活习俗；相隔千里的外域，人们有着不同的人情世事。所以
保护非物质文化遗产、弘扬优秀民族文化、文化创新才是保护
"非遗"的发展之路。孝感历史悠久，文化底蕴深厚，文物遗存
众多，历史名人辈出，是著名的楚剧之乡、曲艺汉川善书、雕花
剪纸之乡、民间文学董永传说和民间文化艺术之乡。"董永传说"
和"汉川善书"进入国家级非物质文化遗产名录，"黄香与孟宗
孝行故事"入选湖北省非物质文化遗产名录，为中华孝文化名城
增添了更加深厚的文化底蕴。同时，在非物质文化遗产传承人的
保护和挖掘工作的创新上，正不断健全传承保护机制及规范化的
法律保护制度，创新民间艺术表演形式和表现手法，挖掘民间文
化发展潜力，优化发展环境，拓展发展空间，利用非物质文化遗
产特有的文化资源优势，合理开发文化产业，以特色化、多元化
的传统文化产业推动非物质文化遗产的全面发展。2011 年我市在
非物质文化遗产保护工作中进步较快。其中有五项入选国家级非

物质文化遗产保护名录，15 项入选省级保护名录，23 项入选市级保护名录，137 项入选县（市）保护名录。2011 年我馆在市正式出版了非物质文化遗产保护工作的重要成果《董永传说》专辑，并开展了市级非遗名录保护传承人的评选工作。总而言之，非物质文化遗产是一种基于"文化环境"视野的解读。

二、与时俱进，广泛开展群众文艺活动

（一）群众文艺作品

在群众文化方面前期，孝感的《桑园曲》、安陆的《大姑爷坐席》获全国一等奖。另有小品、音乐、舞蹈、美术、摄影、漫画、书法，各类集成、汇编先后获各级各类奖项，孝文化活动、孝文化研究多次开展，先后出版孝文化研究专著四部。

1993 年地改市后，节假日和广场文化活动也日趋活跃。在专业艺术方面先后有小戏《蔡九赔鸭》、大戏《虎将军》、《中原突围》进京演出并获奖，《虎将军》获首届国家政府文华大奖，《中原突围》获中宣部"五个一工程"奖。全省两届楚剧艺术节在楚剧的故乡孝感市举行，一批剧目、剧团和演员获得各种奖励。

2000 年 12 月—2001 年元月，全省第二届红金龙楚剧艺术节在孝感举办，云梦县创作演出的《村官雷大明》获二等奖，孝南的小戏《娃娃县官上任》，应城的《义马河传奇》获三等奖，汉川的《皮篑箕送礼》，大悟的《花大妈挑花》2 个小戏获演出奖。

2000 年由孝感市群艺馆组织创作的舞蹈《伞兵日记》在全省荣获楚天群星奖。

2003 年 7 月，云梦创作的《吊子卖鞋》在全省七届戏剧新人新作比赛时获演出奖、编剧奖、导演奖。罗志华（云梦，饰吊子）获优秀新人奖，云梦的李玲、游明文、何忠桥，应城的胡雅雯获新人奖。

2004 年 7 月 5 日，市文体局发文"关于将孝文化题材纳入舞台艺术精品创作的通知"，至 2005 年底有关黄香题材的大型楚剧已在云梦完成剧本创作。

2010 年十四届楚天群星奖我市参选作品获得了 1 金、1 铜以及多项优秀奖的好成绩。我馆同时获得省文化厅颁发的"优秀组织奖"。

2010 年 6 月我馆选送的应城京剧票友吴海青先生参加全省京剧票友大赛获湖北省"十佳票友"光荣称号。

2010 年 10 月湖北省青少年音乐舞蹈大赛我馆选送的选手获得了 1 金 3 铜的成绩。我馆也获得大赛组委会颁发的"优秀组织奖"。

2011 年群艺馆在主办或承办的各类大型文艺演出活动中还创作了一批曲艺小品和舞蹈节目。为繁荣我市文艺创作，活跃人民文化生活做出了积极地贡献。

（二）群众艺术（美术、摄影）创作

2002年—2012年孝感市群艺馆连续11年参加湖北省教育厅组织开展的少儿（幼儿）、中小学生美术书画作品大赛，荣获优秀组织单位奖；连续11年组织的音乐、舞蹈、美术考级荣获"优秀单位组织奖"。

2008年我馆组织800余件作品参加湖北省中小学生、美术书法、摄影作品大赛，获金奖99件、银奖151件、铜奖284件，占地、市、州前列，我馆荣获大赛组委会颁发的"优秀组织"奖。

2009年参加湖北省第十三届少儿（幼儿）中小学生美术书画作品588件，其中获金奖25件、银奖46件、铜奖99件。我馆荣获"优秀单位组织奖"。

2010年我省第十届少儿中小学生美术书法摄影大赛我市选送了700余件作品，其中获金奖94名，银奖137名，铜奖293名。我馆同时获得"优秀组织奖"。

2010年参加湖北省第十四届少儿（幼儿）中小学生美术书画作品560件，获金奖46件、银奖59件、铜奖84件。我馆荣获"优秀组织奖"。

2011年我省第十一届中小学生美术书法摄影大赛我市选送了560余件作品，其中获金奖80名，银奖149名，铜奖281名。我馆同时获得"优秀组织奖"。

2011 年参加第六届孝文化艺术节开幕式，第五届"福星城杯"楚剧展演，及全省青少年音乐舞蹈大赛。

2011 年开展各种演出活动 38 场，广场活动 19 场观众达 20 余万人次，参加演出活动的专业和业余文艺骨干达 2000 余人次。

2011 年参加湖北省青少年音乐舞蹈大赛群艺馆选送的选手获得了一银五铜的好成绩，也获得大赛组委会颁发的"优秀单位组织奖"。

2011 年参加湖北省文联、省文化厅举办的少儿文艺金蕾奖荣获"金奖"。

2010——2012 年连续三届荣获湖北省文联、省文化厅举办的少儿文艺金蕾奖"优秀单位组织奖"。

2012 年市群艺馆选送的摄影和书法作品在湖北省第一届艺术节暨第十五届群星奖获得两个作品奖。选送的摄影作品《鸟韵》获得第十二届全国群星奖银奖。在湖北省金蕾奖中获得两个金奖、两个银奖和三个铜奖。

(三) 群众文艺刊物

历年来群众文化工作者积极投入以文艺创作形式具体展现丰富人民群众文化生活、广大基层企事业单位、国有三江航天集团、社区为导向，创办《孝感文艺》、《孝感孝文化研究》。

1995 年底，由孝感市民间文艺家协会和孝感学院（原孝感师范专科学校）一起策划发起，与市文化局等 20 多家单位，在全市范围广泛开展"孝感文化研究"和"孝子故事征文评奖"等群众性的孝文化活动。并由社会科学文献出版社，湖北人民出版社和中国科学文化出版社先后正式出版了《孝感文化研究》、《孝感孝文化》和《孝感孝子》等专辑。

1996 年、2002 年和 2005 年，市委、市政府连续举办了三届"孝感市十大孝子评选"活动。2005 年湖北省首届"十大敬老好儿女"颁奖大会在孝感市举行。

2002 年 10 月，全国《董永与七仙女》邮票首发式暨首届孝文化艺术节在孝感市举行，全国政协副主席王文元到会祝贺讲话，许多著名演员到场参加开幕演出。艺术节期间还邀请了北京大学龙协涛教授等及华中师大、湖北大学的一批专家学者在孝感宾馆举行了孝文化学术研讨座谈，同时在人民广场举行皮影演出。

2004 年 7 月 5 日，市文体局发文"关于将孝文化题材纳入舞台艺术精品创作的通知"，至 2005 年底有关黄香题材的大型楚剧已在云梦完成剧本创作。

2005 年 3 月又联合湖北省文艺家协会，以孝感市《孝文化研究》编委会的名义，在《孝感日报》和孝感学院网站上向全国发出了"中国孝文化研究征文评奖"活动启事，得到了中央党校、华中师大、中国老年学会、中国社科院等及 20 多个省、市、区 14 所大专院校共 40 多个单位的支持与响应。由中国科学文化出版社正式出版了 40 多万字的《孝文化研究》，共四部一百多万字的"孝文化研究系列文集"。

2005 年 11 月，孝感学院成为"湖北省孝文化研究基地"。

2011 年市群艺馆在我市正式出版了非物质文化遗产保护工作的重要成果《董永传说》专辑。

（四）群众文化研究

2011 年在湖北省群众艺术馆创办《群众文艺指导》刊物上发表《谈谈如何创新群众文化的发展思路》。

2011 年在省馆建馆五十周年，湖北省"2010—2011"年群众文化论文集中发表"管理、活动类"的理论研究《浅谈新形势下如何丰富群众文化生活》以及专业类《"董永传说"在孝感的渊源及价值体现》。

2012 年 12 月 13 日，我馆协助市政协组织召开了孝感特色文化艺术传承人和代表性人物座谈会，为保护非物质文化遗产谏言献策，使非物质文化遗产保护工作得到全社会的广泛关注。

（五）民间故事演绎

2002 年 10 月，全国《董永与七仙女》邮票首发式暨首届孝文化艺术节在孝感市举行，全国政协副主席王文元到会祝贺讲话。期间还邀请了北京大学、华中师范大学、湖北大学等的专家教授开展以孝文化为主题的座谈研讨活动。

2010 年我市非物质文化遗产保护工作进步较快。暨《董永传说》《汉川善书》《孝感雕花剪纸》入选国家级保护名录之后，今年又有《云梦皮影》《三节龙、跳鼓》入选国家级第三批保护名录。

2010 年 8 月市政府公布了我市第二批市级非遗保护名录 12 项。

2010 年 12 月中旬我市在第一、二批市级名录的基础上选送了 12 项优秀项目参评省级第三批保护名录。

2011 年孝感市暨《董永传说》《汉川善书》《孝感雕花剪纸》入选国家级保护名录之后，又有《云梦皮影》《三节龙、跳鼓》入选国家级第三批保护名录。我市有五项入选国家级非遗保护名录，15 项入选省级保护名录，23 项入选市级保护名录，137 项入选县（市）级保护名录。

2011 年我市正式出版了非物质文化遗产保护工作的重要成果《董永传说》专辑。并开展了市级非遗名录传承人的评选工作。

2012 年 6 月 11 日，在第七个"非物质文化遗产日"，市群艺馆在市街心公园举办了《非物质文化遗产法》宣传展览和文物展示保护活动。

2012 年 12 月 13 日，我馆协助市政协组织召开了孝感特色文化艺术传承人和代表性人物座谈会，为保护非物质文化遗产谏言献策，使非物质文化遗产保护工作得到全社会的广泛关注。

（六）阵地文艺活动

2008 年举办孝感市第三届城市运动会大型团体操开幕式、闭幕式文艺晚会，在文体新局组织下对市三运会开、闭幕式团体操和文艺演出进行了承办，并取得圆满成功。

2012 年举办孝感市第四届城市运动会大型团体操文艺表演节目开幕式、闭幕式文艺晚会活动。

为了搞好社区文化建设，活跃社区人民群众文化生活，2008 年由市、区文体局主办群艺馆承办的全市社区骨干文艺汇演，历时 2 个多月。城区 4 条街道、20 多个社区参加了这次活动。我馆辅导干部深入街道和 20 多个社区参加了此次活动，深入街道同时对社区文艺骨干进行辅导、指导、评选。最终选出 12 个节目在广场举行了颁奖晚会汇报演出，评出一、二、三等奖及组织奖若干。

2008 年群艺馆完成了文体新局下达的广场演出任务，全年各种演出 35 场，观众达 20 余万人次。参加演出的专业和业余骨干 2000 余人次；

2009 年举办孝感市各县市区大型文艺调演、汇演。

2010 年十四届楚天群星奖我市参选作品获得了 1 金、1 铜多项优秀奖的好成绩。我馆同时获得省文化厅颁发的"优秀组织奖"。

2010 年 6 月我馆选送的应城京剧票友吴海青先生参加全省京剧票友大赛获湖北省"十佳票友"光荣称号。

2010 年 10 月湖北省青少年音乐舞蹈大赛我馆选送的选手获得了 1 金 3 铜的成绩。我馆也获得大赛组委会颁发的"优秀组织奖"。

（七）各类节庆活动

2007 年举办孝感市各文明单位"文明之光"文化广场活动近 60 场次。

2008 年分别举办庆"五一"劳动节、"六一"儿童节、"七一"建党节、"八一"建军节、"十一"国庆节大型广场文艺晚会。

2009 年举办 48 场次文艺广场活动，尤其举办庆"3.8"、"6.13 非物质文化遗产宣传日"、"献礼 60 周年全省电台大直播"、"庆七一，我们的后备军"、军民联欢庆"八一"、"庆国庆"红歌会。

2010 年举办"文明之光"大型文化广场文艺晚会 68 场次。其中在广场、社区面向普通人民群众开展文艺活动近 30 场，直接受益群众达 20 余万人次。

2011 年举办孝感市直机关庆"七一"建党 90 周年大型红歌

会合唱比赛。

2011 年举办各类文艺演出活动 38 场次，其中在广场、社区面向普通人民群众开展文艺活动近 19 场，直接受益群众达 20 余万人次。将文化惠民工作真正落到了实处。

2012 年，市群艺馆充分发挥组织指导社会文化活动职能，积极参与各项群众文化活动，协调各文艺协会和企事业单位参与公益性群众文化活动，高质量地完成了所承担的任务，全年组织或参与组织各类群众文化活动 30 余场次，观众达 16 万余人次，取得了良好的社会效益。其中大型演出、展示活动有：

①1 月 20 日，参与组织了市委市政府在孝感宾馆举行的孝感市春节团拜会，500 余人观看了演出。

②5 月 30 日，参与组织了市教育局在市人民广场举行的庆"六一"晚会，3000 余人观看了演出。

③6 月 23 日，市群艺馆在人民广场举办了"文艺进社区"演出活动，5000 余人观看了演出。

④7 月 27 日，参与组织了市委市政府在孝感礼堂举办的庆"八一"文艺联欢晚会，1200 余人观看了演出。

⑤8 月 17 日—8 月 25 日，参与组织了湖北省第四届楚剧艺术节，20000 余人次观看了演出。

⑥9 月 26 日，为配合湖北省第一届艺术节，在市人民广场举

办了"相约艺术节"广场文艺演出，5000 余人观看了演出。

⑦10 月 22 日，参与组织了"孝文化艺术节"全市中老年文体展示活动，近万人踊跃积极参加观看演出。

（八）对外文化交流

2006 年 12 月，孝感市委、市政府以高度的文化自觉，提出了把孝感建设成为中华孝文化名城的奋斗目标，将建设中华孝文化名城作为全社会道德文化建设的重要载体，列入市"十一五""十二五"规划，写进政府工作报告，加大建设投入，建设孝景、拓展孝商、繁荣孝艺。

2007 年举办"金秋十月"观音湖大型招商经贸洽谈迎宾文艺晚会。

2009 年举办"金秋十月"天紫湖大型招商经贸洽谈迎宾文艺晚会。

2010 年 10 月 16 日上午，以"中华孝文化与青少年思想道德建设"为主题孝文化国际研讨会在湖北工程学院召开，来自海内外的众多领导、专家、学者齐聚共襄盛举。

2011 年举办"金秋十月"孝感（汤池）大型招商经贸洽谈迎宾文艺晚会。

2012 年 5 月 10—11 日，孝感市新农村文化建设现场会在云梦县召开，孝感市各县市区分管副市长、宣传部部长、广电局局长、文体新局局长参加了会议。孝感市委常委、宣传部部长涂明珍、副市长王芳等出席会议。

2012 年 12 月 21 日，首届中国（孝感）孝廉文化研讨会在湖北工程学院举行。此次研讨会以"弘扬孝廉文化、促进社会清明"为主题，来自全国的 75 名专家就如何挖掘中国传统孝文化的积极内涵，将孝文化与廉政文化建设有机结合以及如何加强孝廉文化制度建设等议题进行了研讨。

三、打造品牌，积极开展公共文化服务

（一）文化广场品牌建设

孝感市近 130 个文明单位，连续从 2007 年—2011 年五年间每年将举办"文明之光"文化广场活动大型晚会近 50 场。

2012 年举办组织或参与组织各类群众文化活动 30 余场次，观众达 16 万余人次，取得了良好的社会效益。其中大型演出、展示活动有 7 个场次。

（二）孝文化艺术节

2002 年—2012 年孝感市已成功举办了六届孝文化艺术节；

2007 年、2009 年、2011 年孝感市举办了以孝文化为题材发扬优良中华好传统中国汉字书写节和摄影大赛等六大系列活动；

2012 年举办文化广场中老年人文化艺术展品艺术节；

2008 年至 2012 年连续组织并开展了五届湖北省"福星杯"

楚剧展演艺术节公共文化服务；

举办了五届"十大孝子"和三届"十大孝亲敬老小天使"评选活动。评选出"十大孝子"享受市级劳模待遇，新的孝德观念和价值取向日益深入人心。

（三）场馆免费向公众开放

2012年4月19日正式开始免费对外开放。将过去单一的以社会文化活动为主，转变为以社会文化活动与阵地文化活动相结合的模式。深入了解各业余文艺骨干和文艺团队的需求，对现有场馆进行合理安排，使城区人民群众有一个开展文化活动的场所，充分发挥群艺馆文化活动主阵地作用。以免费开放活动为契机，我馆制定了一系列免费开放活动细则，完善各项规章制度，最大限度提高场馆使用率，目前在我馆常年排演、训练的业余文艺团队有16个，达500多人。同时充分发挥我馆专业干部的专业特长，满足群众对文化艺术的渴求，对各业余文艺团体、企事业单位和社区进行业务指导与交流，发现、培养了一批群众文艺骨干，有利更充分地建立了全市"文艺人才资源库"，推动了群众文艺水平的不断提高，得到了各业余文艺团队、企事业单位和社区群众的高度赞扬。

免费开放设有非物质文化遗产展览陈列室；音乐、舞蹈、戏曲、曲艺排练室；美术、摄影培训辅导班等等。2008年非物质文化遗产保护工作重点放在普查培训和省级保护名录空白的县市申报工作，目前已做好第三批省级名录的申报准备工作。2009 年国家文化遗产日，我们在市局领导下，与市博物馆共同在广场举办了文化遗产的展览展示。

2012 年 6 月 11 日，在第七个"非物质文化遗产日"，市群艺馆在市街心公园举办了《非物质文化遗产法》宣传展览和文物展示保护活动。"孝感日报""孝感晚报""孝感市电视台""孝感广播电台"都进行了现场采访和报道活动。市、区两级群艺馆、文化馆和博物馆展出了近百米展牌，场面恢宏，吸引了数千市民驻足观看、学习，有效地对《非物质文化遗产法》和非物质文化遗产保护工作进行了宣传，使广大人民群众增强了对非物质文化遗产的保护意识。

2012 年 12 月，我馆协助市政协组织召开了孝感特色文化艺术传承人和代表性人物座谈会，为保护非物质文化遗产谏言献策，使非物质文化遗产保护工作得到全社会的广泛关注。

四、"扬弃"提升，不断赋予孝文化新的时代内涵

古有黄香扇枕温席、董永卖身葬父、孟宗哭竹生笋，今有女大学生谭之平传承美德背母上学、"淳朴孝女"刘青枝一女养八老……在湖北孝感市，一个又一个孝行故事精彩演绎，感天动地。在中国古代"二十四孝"故事中独占三席，又是我国唯一一

个以"孝"命名的城市，孝感市近几年来明确"中华孝文化名城"的城市定位，大力倡导"弘扬孝文化、推进现代化"的文化发展理念。如今，孝道文化被赋予新的时代内涵，"小孝持家，中孝敬业，大孝爱国"的现代孝德孝义深入人心，风尚口臻至善，社会稳定和谐，经济快速发展。

（一）**走进孝感，浓郁的孝文化气息扑面而来。**人民广场上，8块以"孝"为主题的大浮雕美轮美奂；徜徉街头，董永公园、槐荫大道、仙女路等名称随处可见……潜移默化间，人们尽情享受着孝文化的浸染和熏陶。"弘扬孝文化，孝感人走过了一段不寻常之旅。"孝感市委常委、统战部部长彭桃安在接受记者采访时说过，曾几何时，孝文化被视作封建迷信思想的代名词打入"冷宫"，直到进入新世纪，一些党政官员仍旧谈孝色变，心有余悸，以至于出版的孝文化书籍一时无人作序。"埋儿奉母""父母在不远游"等愚孝之举固然不可取。然而，在"长幼无序""养儿不防老"乃至不讲诚信和公德等社会现象沉渣泛起之时，科学地弘扬孝文化，具有很强的生命力和现实意义。

（二）**心怀"孝道"情结的孝感人率发先声。**2006年12月，孝感市委市政府提出"建设中华孝文化名城"的重大战略决策。几年来，他们秉承"取其精华，去其糟粕"的态度，立足于社会和谐要求，重新发掘孝文化的内涵，并将之与构建社会主义核心价值体系、和谐社会建设等紧密联系起来，赋予其与时俱进的时代精神。而如今，新提炼出的"孝敬父母、奉献社会、乐观向上、自强不息"十六字价值观念，已在全市家喻户晓。"百善孝为先。孝文化是对社会主义核心价值体系的本土化、通俗化、大众化演绎。"孝感市市长滕刚说，"通过传承、弘扬、光大孝文化，形成了城市文明创建的灵魂性特征。精神较量实力，文化决定未来"。前任孝感市委书记黄关春说："孝文化作为中华优秀传统文化，经久不衰。实践证明，富有时代内涵的孝文化，是实现经济社会科学发展、和谐发展的重要基石。"

五、多措并举，让传统文化焕发无限生机

"弟子规，圣人训，首孝悌，次谨信……"在孝感市玉泉小学，每天早上都能听到学生们诵读《弟子规》《曾广贤文》《千字文》的声音。学校开展的"讲一个孝德故事，做一件孝敬父母的事，看一部孝德电影，算一笔亲情账，写一封感恩信"的"五个一"活动，深受学生和家长的欢迎。

几年来，孝感市弘扬孝文化活动好戏连台。成立湖北孝文化研究基地、湖北孝文化研究会，围绕"孝文化与科学发展观""孝文化与和谐社会"等不同主题，成功举办了9届大型研讨会，并出版了《中华孝文化研究》等10多部"孝文化系列文集"，为孝文化的传承和发展提供了坚实的理论依据。与此同时，举办了全国《董永与七仙女》邮票首发式，全国唯一的"中华敬老园"在此落户，"董永传说"入选国家首批非物质文化遗产名录……

此外，通过开展进学校、企业、农村、社区的"四进"活动，将孝德文化传播到全市每个角落，形成了广覆盖、宽辐射的工作机制。教育部门将古现代孝子的事迹，编入中小学课外读物，以主题班会、读写演讲、评选校园孝星等方式，开展"知孝、行孝、扬孝"活动，培养健康人格。团市委连续举办了六届"孝心传递"书信感恩活动，每年近百万青少年向长辈、父母写信"感恩"，家长们则纷纷回信"励志"，一封封书信，犹如一朵朵娇艳美丽的孝行康乃馨，盛开在心灵深处。在农村，"不孝不是中华好儿郎"写进了《村民公约》，"不孝不配入团入党"，成为村党团组织约定俗成的规定。每年金秋时节，当地文艺剧团都进行楚剧展演，用人们喜闻乐见的传统地方戏演绎孝文化，每年集中演出10天，万人空巷。剪纸、汉川善书、云梦皮影等也创作推出《双峰山的传说》《舍身崖》《无敌孝子剑》等作品，深受群众喜爱。弘扬孝文化，只有坚持不懈才能赋予长久的生命力。

六、放眼未来，明确新形势下群众艺术工作的主要任务

在全面建成小康社会的决胜阶段，党的十八大再次吹响了推动社会主义文化大发展大繁荣的嘹亮号角，提出了坚持走建设中国特色社会主义文化发展的重要战略目标。在这一时代背景下，孝感市群众艺术工作责无旁贷地承担着弘扬时代主旋律的历史责任和社会担当，在现阶段和今后相当一段时期内，将大力推进文化跨越，加快建设中华孝文化名城；着力突出孝文化特色，促进孝文化与现代文明相互融合，孝文化影响力明显提升；加快文化事业与文化产业协调发展，文化对经济发展的贡献率明显提升。

（一）**培育良好道德风尚**。传承和弘扬孝亲敬老优良传统，深入挖掘孝文化的主流价值和时代内涵，充分发挥孝文化在公民道德建设中的促进作用，培育向善感恩、理性平和、开放包容的社会心态，倡导孝德、诚信、实干、奋进的"孝感精神"。深入开展群众性精神文明创建活动，不断提高公民道德素质和社会文明程度。大力推广文明交通行为和文明生活行为，提升市民文明素质，提升文明修养。在城镇深入开展"告别十大不文明行为"活动，在农村深入开展"革除十大陋习"活动，让陋习远离生活，让文明陶冶心灵。

（二）**提升孝感文化形象**。在城市规划建设管理中融入孝文化元素，建设一批孝文化标志性建筑，传承城市历史文脉，增添城市文化底蕴。积极鼓励文化创新，推出一批孝文化代表作品，提高孝文化节、孝文化国际研讨会办节办会的层次和水平，不断扩大孝文化影响力，提升城市美誉度和吸引力。大力实施文化惠民工程，进一步完善公共文化服务体系，推进文化资源配置向农村、企业、社区等基层单位倾斜。

（三）**发展特色文化产业**。坚持以市场为导向，以资源定产品，以精品创品牌，以名牌赢市场，发展与孝文化特色相结合的文化产业。制定完善文化产业发展规划，出台扶持政策和奖励办法，支持文化龙头企业做大做强。整合孝文化、红色文化、生态文化、民间文化资源，推进文化产业与科技、农业、商贸、旅游、养老等产业融合发展。推动组建广电、报业两大传媒集团，加快中华敬老园、文化创意产业园、印刷产业园等重大文化产业项目建设，发展新型文化业态。

（四）**大力推进文化跨越**。充分发挥深厚的孝文化底蕴，充分发掘楚文化、李白文化等资源，打造红色、生态、旅游等文化发展载体，保持传承弘扬好文明成果，使文化底蕴更加深厚，文化魅力更加彰显。一方面，要大力促进文化繁荣发展，把保持、传承和弘扬孝文化与建设现代文明结合起来，兴起文化建设新高潮，使城市更具文化底蕴和文化魅力，实现文化产业与文化事业、文化设施与文化产品、文化人才与文化市场同步、协调发展，文化成为不可或缺的城市软实力。另一方面，促进孝文化与红色文化、生态旅游互相作用、互相促进、优势叠加，使孝文化的影响力得到更大提升，形成具有红色文化、生态旅游特色的孝文化名城，使孝感更具魅力和核心竞争力。

（五）**积极拓展文化市场**。增强文化的市场性、参与性、互动性，增强文化的娱乐功能和经济功能。坚持以市场为导向，以资源定产品，以精品创品牌，以名牌赢市场，加快文化产业发展，增强文化产业活力，使文化产业成为重要支柱产业。加强公共文体基础设施建设，推进公共文体设施向社会免费开放和公共文体服务体系向基层延伸；大力实施文化惠民工程，深入开展送戏、送书、送科技下乡活动，丰富人民群众精神文化生活。加强孝文化建设，将孝文化与民间文物景点、非物质文化遗产整合，开发孝文化产品，增强孝文化载体，大力发展地方民间文化，打造孝文化特色品牌。

（*此文为迎接孝感市撤地建市 20 周年，于 2013 年 1—3 月间精心整理、总结而成的综合性文档，并被 2013 年《孝感年鉴》录入*）

后　记

　　人，不能没有梦想，也不能只有梦想而脚下没有路。

　　我，一直怀揣梦想，在走群众文化理论研究这条路。

　　辛丑年初，本馆计划创建本市文化馆系统的《溧川文艺》的内刊（半年刊），指定我全权负责，担任执行主编。在受理大量稿件和编审过程中，发现众多作者简介里，都有出过个人论文集的经历，让我眼羡得不行。很多老师满腔热忱地鼓励我也出一本，这也成了我计划"出书"最原始的冲动。

　　看着案头一堆堆文稿，一度把我刺激得踌躇满志地着手准备。貌似洋洋洒洒十几万字的"成果"，可一旦认起真来采撷，才发现真没有多少干货。这十多年间，站在一个使命光荣、责任重大，却每感处在一个不起眼的角落，加之自己形同一个半路出家的人，于是，立意行文的角度，总是低了不止一点点。

其实，缺憾也远不止这一点点。回首过往，每每在想，自己在码字这条路上起步晚了不说，我的主要兴趣和文艺特长不在于此。孝感文化底蕴非常丰厚、群众文化活动非常活跃，我却不能用精美的文字为这个时代讴歌、为这个城市添彩；再就是，一直从理论到理论，大多研究成果并没有转化为实践。

即便是一些发表过的作品，也难免有最初学步时的羞涩，亦存在有时过境迁的锈痕。有些作品成文后，虽与时俱进做了相应的思考和完善，但其主体架构不相上下，若都笑纳，恐被笑话。另有大量发表过的图文新闻稿、豆腐块，尽管也有相当大的堆头，却是断然不适合录入这个集子的。

遴选文稿时，这也舍不得，那也放不下。才真个知道，做一个决策者、拍板人，也是多么的不容易。这个过程，还要纠结于印书的支出，因为那差不多是我一个年度的薪水。犹如一个待产的母亲，既为一个新生命即将到来充满期待，还要为一笔生孩子的费用而精打细算。不过，心愿终了，总体还好。

好就好在，经过一番挑挑拣拣，终于把一些散见于各种报纸杂志网媒的文字编纂成册了；好就好在，省、市及兄弟单位的同仁老师们一如既往地给予关注和支持；好就好在，出版方很敬业、很大方；好就好在，老公再次发扬民主，断喝一声"你的地盘你做主"。

　　我清楚地知道，这本集子还存在很多不足。也许，正因为不足，方能知后进。怀着梦想所走的这条路很宽，也很窄，因为中华文化博大精深，文化强国是一个浩大的时代课题和庞大的系统工程，仅在公共文化服务体系建设这一块，理论研究于我终归是一条窄路；同时，这条路很长，也很短，主要是我的工作年龄在这里放着的，我还要在短时间里做一些思考和研究。

　　这本取名《冰心在玉壶》的集子，既是对自己匆匆行程的一个注脚，也算是对心心念念于我，让我心心念念，远在千里之外平凉故乡亲友的无限思念和祝福。套用一下"七绝圣手"的千古名句，"平凉亲友如相问，一片冰心在玉壶"。

　　最后，由衷感谢在我人生之路给予关注、包容和助力的所有师友。

　　是以为记。

胡　玉

辛丑夏于湖北孝感